Francesca Rigotti

PHILOSOPHIE IN DER KÜCHE

Francesca Rigotti

PHILOSOPHIE IN DER KÜCHE

Kleine Kritik der kulinarischen Vernunft

Aus dem Italienischen
von Barbara Kleiner

Verlag C.H.Beck

Titel der italienischen Originalausgabe:

La filosofia in cucina
Piccolo critica della ragion culinaria

Mit 8 Abbildungen

Satz: QuarkXPress mit Apple Macintosh im Verlag
Druck und Bindung: Spiegel, Ulm
Gedruckt auf säurefreiem, alterungsbeständigem Papier
(hergestellt aus chlorfrei gebleichtem Zellstoff)
Printed in Germany
ISBN 3 406 48977 X

www.beck.de

INHALT

Einleitung *7*

WISSEN UND ESSEN

Wort und Essen *16*
Poesie und Literatur als Nahrung (Erster Teil) *17*
Pädagogisches Zwischenspiel *22*
Poesie und Literatur als Nahrung (Zweiter Teil) *23*

NATUR UND KULTUR

Das Rohe und das Gekochte *28*
Kompetenzfragen *29*
Der Mund *33*

THEORIE UND PRAXIS DER WORTEKÜCHE

Küche und Alchimie *36*
Rezepte und Ideen *38*
Der Koch *41*

DIE PHILOSOPHISCHE KÜCHE

Einheit und Vielfalt *50*
Verdauung und Assimilation *54*

DIE PHILOSOPHISCHE KOST

Das Gastmahl von Athen *60*
Die philosophische Diät *64*

DER APPETIT DER PHILOSOPHEN

Gaumenfreuden und Freuden des Geistes
(Platon, Epikur, Aristoteles) 74
Hunger und Durst der Seele und des Intellekts
(Dante) 77
Männer und Frauen in der Küche
(Kant, Condorcet) 81
Ekel und Fasten des Philosophen
(Sarte, Wittgenstein) 86

PHILOSOPHISCHE SPEISEN UND GETRÄNKE

Das Brot der Wahrheit 92
Worte aus Milch 94
Ex ovo omnia 95
Die Phänomenologie des «Geistes» 98

EXZESS BEIM ESSEN UND EXZESS AN WORTEN
oder Die Todsünde der Unmäßigkeit

Laster und Todsünden 104
Gefräßigkeit und Geschwätzigkeit 108

Anmerkungen 117

EINLEITUNG

Rosinen mögen das Beste an einem Kuchen sein,
aber ein Sack Rosinen ist nicht besser als ein Kuchen;
und wer imstande ist, uns einen Sack voll Rosinen zu geben,
kann damit noch keinen Kuchen backen, geschweige,
dass er etwas Besseres kann. Ein Kuchen, das ist
nicht gleichsam: verdünnte Rosinen.

Wittgenstein, *Vermischte Bemerkungen*, 1989

In früheren Jahrhunderten kam es recht selten vor, dass eine Frau unter Missachtung ihrer weiblichen Rolle zur Feder griff. Und die wenigen, die es taten, legten, wenn sie zur Feder griffen, nicht Küchengerät wie Kochlöffel, Messer oder Schüsseln aus der Hand, denn sie gehörten nicht der Schicht von Frauen an, die mit solchen Geräten umgingen; wahrscheinlicher ist, dass sie eine Stickerei oder die Laute, das Gebetbuch oder eine Aquarellmalerei aus der Hand legten. Heutzutage dagegen, in unseren seltsamen Zeiten, kommt es oft vor, dass dieselbe, gemeinhin weibliche Hand im Lauf eines Tages, und zwar täglich, Füllhalter oder Tastatur des PC beiseite lässt und zum Messer greift und Zwiebeln schneidet oder zum Schöpflöffel und Suppe austeilt. Meiner Hand zumindest ergeht es so. Gelegentlich kommt es freilich auch vor, dass sie den Mikrowellenherd einschaltet, um ein Tiefkühlgericht aufzuwärmen, doch das bleibt eher die Ausnahme.

Die vertrauten und scheinbar so unbedeutenden Handgriffe und Verrichtungen beim Kochen haben anscheinend nur mit der Kunst und Technik der Zubereitung von rohen oder gekochten Speisen zu tun. Doch es ist ein ganzes System, das bei der Zubereitung von Speisen zusammenspielt, eine Methode oder ein Verfahren, worin sich analytische und synthetische Momente durchdringen. Denn ein Gericht zu kochen ist, wie einen Aufsatz zu schreiben, und umgekehrt, einen Aufsatz zu schreiben ist, wie ein Gericht zu kochen; es ist, als würde man denselben Holzstab benützen: zum Umrühren einer Sauce, wenn das untere Ende breit und abgerundet ist, oder zum Schreiben eines Textes, wenn das untere Ende spitz und aus schwarzem Blei ist.

Auf beiden Gebieten kann man entweder improvisieren oder einem Rezept folgen. Der zweite Weg, traditionell und bewährt, schützt in der Küche und bei der intellektuellen Arbeit gemeinhin vor bösen Überraschungen: Beim Schreiben wappnet die Befolgung einer bewährten Methode gegen die Kritik von Kollegen und Rezensenten. Also empfiehlt sich das Schema: Einleitung, aktueller Stand der Diskussion, Beiträge anderer, eigene Beiträge, These, Beweise, Durchführung, Einwände, persönliche Überlegungen, Zusammenfassung. Man kann aber auch den ersten Weg beschreiten und improvisieren. In diesem Fall werden Gedanken und Zutaten assoziativ und der Eingebung folgend zusammen gemengt, allerdings besteht die Gefahr, dass das Endergebnis vielleicht sehr originell, aber schlecht verdaulich ausfällt.

Ob Rezept oder Intuition – unerlässliche Voraussetzung ist zunächst einmal, dass kulinarische Zutaten oder kulturelle Materialien herbei geschafft werden. Auch hier verhalten sich die Dinge in beiden Fällen völlig analog: Man kann sich Zutaten und Materialien fix und fertig im Supermarkt oder in der Bibliothek besorgen, abgepackt und eingeschweißt in Zellophan, oder in Form von klugen, von anderen verfassten Schriften, Aufsätzen, Artikeln und Büchern. Oder man kann sie selbst anpflanzen, groß ziehen oder darüber nachdenken, was mehr Mühe macht; das Ergebnis jedenfalls wird an Frische und Reinheit dem Fertigprodukt weit überlegen sein, denn ein von uns ausgesätes und geerntetes Gemüse, eine von uns erdachte und entwickelte Idee sind Zutaten/ Materialien von ganz anderer Qualität. Im täglichen Leben müssen wir uns jedoch oft mit fertigen Produkten begnügen oder die Zutaten doch mischen: Kakao kann man nicht im eigenen Garten ziehen, ebenso wenig wie wir uns unsere eigene Übersetzung aus dem Chinesischen und leider auch keine aus dem Hebräischen anfertigen können. Es wird also nichts anderes übrig bleiben, als sich nach den Gesetzen des Markts zu richten und, aus der Not eine Tugend machend, vom Baum der Erkenntnis sowohl frische als auch getrocknete Früchte zu pflücken.

Sodann müssen Zutaten und Materialien zum Küchentisch oder Schreibtisch befördert werden – und Gott weiß, was schwerer wiegt, Einkaufstüten oder Büchertaschen –, und sie müssen an ihre Plätze gelegt, in Scheibchen oder Streifen, in Würfel, große oder kleine Stücke geschnitten, gesalzen, mariniert, aromatisiert, gewürzt; oder verzettelt, nach Themen geordnet, nach Autoren, nach Epochen; zusammengefasst, kommentiert, kopiert... In einigen Fällen werden sie in Portionen aufgeteilt und getrennt vorgekocht und vorgedacht. Für eine Ratatouille müsste ich – nacheinander, wenn ich allein bin, gleichzeitig, wenn ich Helfer habe, jeder mit Pfanne und Kochplatte ausgerüstet (aber ich habe ja keine) – Paprika, Auberginen, Zwiebeln, Zucchini und Tomaten jeweils separat anbraten; wenn ich hingegen Ravioli mache oder auch nur eine schlichte Apfeltarte, muss ich Teig und Füllung getrennt zubereiten, erst den Teig, dann die Äpfel in Scheiben schneiden – sie mit Zitrone beträufeln, um zu verhindern, dass sie sich braun verfärben (aber die Äpfel von heute verfärben sich ja gar nicht mehr, wie die Paprika nicht mehr scharf sind und die Auberginen nicht mehr so bitter wie früher). Für einen Aufsatz, eine Rezension, das Kapitel eines Buches, ein Forschungsprojekt muss ich zunächst in einem Rohentwurf zusammengetragenes Material auf einzelne Blätter oder verschiedene Dateien verteilen, alles beizeiten vorbereiten und ruhen lassen, wie den Teig für Crêpes oder den Kartoffelsalat, den Heidegger sicherlich mochte.

Schließlich das Vergnügen, alles zusammenzufügen, den Blätterteig oder den Text auszubreiten, eine Apfelscheibe, ein paar Rosinen oder Pinoli dem Strudel unterzumischen, oder Metaphern, Vergleiche und Wortspiele in den Essay einzuflechten. Und zu erleben, wie sich im Ofen oder im Topf oder beim Ausformulieren des Textes auf der weißen Seite Gedanken und Worte miteinander verbinden und amalgamieren wie Ei und Öl in der Mayonnaise und das Endprodukt entstehen lassen, das dem Publikum vorgesetzt werden kann, oder das im Kühlschrank oder in der Schublade unter Verschluß gehalten wird, um im Stillen verzehrt oder erst nach einiger Zeit bei einer festlichen Gelegenheit hervorgeholt zu werden.

So ließ sich zum Beispiel beobachten, dass sich einige große Köche in das Abenteuer gestürzt haben, auf kulturell-philosophischem Gebiet ihre Meinung zu äußern, so wie viele Philosophen – *incredibile dictu* – im konkreten oder übertragenen Sinn sich ins Reich der Küche vorgewagt und dort Material und Anregungen für ihre Arbeit gefunden haben.

Keiner von ihnen ist dabei methodisch vorgegangen: Wenn Kant seine vierte Kritik geschrieben hätte, jene «Kritik der kulinarischen Vernunft», die zu schreiben ihn seine Tischgenossen scherzhafterweise ermunterten, dann stünde heute ein System zur Verfügung, auf das man Bezug nehmen könnte. So wäre es auch, wenn der attische Dichter Athenaios im 3. Jahrhundert v. Chr. nicht nur behauptet hätte, es sei die Kochkunst gewesen, die die Menschheit aus den

Niederungen einer barbarischen, anthropophagen Ernährungsweise auf die Höhen der gegenwärtigen Zivilisation geführt habe, sondern auch eine detaillierte Schilderung davon gegeben hätte, wie seiner Meinung nach die Beziehungen zwischen Philosophie und Küche aufgefasst werden müssten.

Doch derlei Vorhaben sind leider allesamt in den Ansätzen stecken geblieben. Dieser Mangel an einschlägigem Material zum Thema hatte natürlich Auswirkungen auf die Methode der vorliegenden Arbeit: Ich kann in meiner Kritik der kulinarischen Vernunft nicht streng historisch vorgehen. Zu groß sind in der Tat die Abstände zwischen den einzelnen Beiträgen, zu versprengt und rhapsodisch die Äußerungen in den verschiedenen Epochen. Der Forschungsgegenstand selbst zwingt mich also zu einer fragmentarischen, spekulativen Rekonstruktion innerhalb eines eher flexiblen Rahmens, wie er dem Gegenstand angemessen ist.

Es geht also um die Beziehungen zwischen Philosophieren und Kochen, beides uralte menschliche Tätigkeiten, die sich aber schon allein wegen des Geschlechtsunterschieds der Ausübenden häufig fremd geblieben sind. Seit jeher weibliche Domäne ist die Küche, wenn auch mit massiver männlicher Präsenz vor allem im Bereich ihrer «höheren» Erscheinungsformen – sakrale Opferung und *haute cuisine* –; ausschließlich männliche Domäne dagegen ist die Philosophie, obwohl es auch hier einige wenige, aber immer noch sporadische weibliche Elemente gibt.

Der vorliegende Text konzentriert sich in erster Linie auf die Analogie zwischen der Zubereitung der Speisen in der Kochkunst und der Ausarbeitung des Gedankens in der Philosophie, darum herum gruppieren sich wie Satelliten eine Reihe von Einzelbeobachtungen. Eine Analogie, die in dem Gedanken Wittgensteins, den ich nicht zufällig diesem Büchlein als Motto vorangestellt habe, enthalten ist. Mit dem Bild vom Rosinenkuchen und den Rosinen allein in einer Tüte, die nicht besser *als* ein Kuchen sind, auch wenn sie das Beste sind, was es *in einem Kuchen* gibt, will Wittgenstein sagen, dass die Philosophie ihr Bestes gibt in dem Moment, wenn sie die Gedanken vermengt, verknetet und zusammenbraut, und sie nicht wie vereinzelte Sprüche oder geniale, aber einsame Aphorismen unverbunden stehen lässt; in dem Augenblick also, da die Philosophie ihr Geschäft auf ähnliche Weise verrichtet wie die Kochkunst, auch wenn die beiden Künste gemeinhin an verschiedenen und nicht miteinander verbundenen Orten ausgeübt werden.

Doch betrachten wir nun, was geschieht, wenn wir die Türen zu den beiden Räumen weit öffnen, zu dem der körperlichen Ernähung gewidmeten und dem der geistigen Nahrung geweihten, Speisekammer und Studierzimmer, Nahrungsküche und philosophische Küche, wenn wir sie in Beziehung setzen und betrachten, wie sich Bedeutung und Methode im Übergang von der einen zur anderen wandeln.

Mein Dank gilt einigen Freunden, die mich auf kulinarisch-philosophische Stellen aufmerksam gemacht haben: Dario Borso, Tonino Tornitore, Davide Sparti; den Bibliotheken, die mir meine Arbeit erleichtert haben, darunter die Universitätsbibliothek Lugano, die klein, aber sehr effizient ist, namentlich ihrem Direktor Giuseppe Origgi, der mir bei vielen kleinen und großen Problemen weitergeholfen hat. Mein Dank gilt ebenso der Universitätsbibliothek Göttingen und deren in einem Krankenhaus untergebrachter Zweigstelle, die wesentlich intimer, ruhiger, angenehmer und besser zu erreichen ist als das Hauptgebäude. Schließlich den Mitarbeitern des Verlags *Il Mulino*, insbesondere Carla Carloni dafür, dass sie auf mich zugekommen ist, mich ermuntert und begleitet hat, so dass ich mich fast wie eine bedeutende Autorin fühlte, eine von denen, die sich von Agenten vertreten lassen, und Ugo Berti Arnoaldi, der mir immer wieder Botschaften zukommen ließ, ernste und witzige, auf postalischem und elektronischem Wege.

Ich weise an dieser Stelle darauf hin, dass das achte Kapitel *Exzess beim Essen und Exzess an Worten* oder *die Todsünde der Unmäßigkeit (Eccesso di cibo e parola ovvero il peccato di gola)* in einer erweiterten Fassung in «Intersezioni» XIX, 2, 1999, S. 157–183 veröffentlicht wurde.

Erstes Kapitel

WISSEN UND ESSEN

Bibliothèque d'un gourmand.
Frontispiz des ersten Bandes von Grimod de la Reynière, *Almanach des Gourmands*, Paris, 1804^3, 3 Bde.

Wort und Essen

Wissen und Essen, Wort und Nahrung sind Dinge aus demselben Stoff, sagt Ruben A. Alves, sind Kinder mit derselben Herkunft: Kinder des Hungers. Da diese Erfahrung jedermann geläufig ist, leuchten die Metaphern vom Verstehen als Nahrung, vom nährenden Wort jedem unmittelbar ein. In diesen Zusammenhang gehören auch Ausdrücke wie: Erkenntnis*hunger*, Wissens*durst*, Informations*gier*. Oder auch Redensarten wie: ein Buch *verschlingen*, Informationen *verdauen*, nach Erkenntnis *lechzen*, sich an einem Text *übersättigen*, an einem Ausdruck *herumkauen*, oder schließlich *süße* Worte, *bittere* Vorwürfe, *pikante* Anekdoten oder *saftige* Ausdrücke.

Worte sind die Speise des Geistes, besagen all diese Redensarten, und sie bekräftigen damit die Tatsache, dass Ideen Nahrung sind, die durch die Öffnung des Mundes in das Gefäß unseres Leibes eingeht, um dort von der Zunge verrührt, im Magen verdaut und im Darm aufgenommen zu werden. Essen und Erkennen sind ein und dasselbe, und Worte und Speisen treffen dort zusammen, wo die einen hinein- und die anderen hinausgehen: im Mund also, dem gemeinsamen Organ für beide Funktionen, und an dem Werkzeug, das beide je nachdem artikuliert und vermengt, der Zunge. «Einerseits ist der Mund der physische Ort (die Schwelle), wo Essen und Worte sich begegnen; andererseits erfüllt dasselbe Organ, die Zunge, in Bezug auf Speisen und Worte dieselbe Funktion (ligare)».[1]

Nachdem sie die Schwelle des Mundes überschritten haben und von der Zunge verrührt worden sind, fallen die Worte in den Magen, den realen wie symbolischen Behälter in Form des Destillierkolbens der Alchimisten, und werden dort aufbewahrt. So gehen sie ein in den Fundus der erworbenen Kenntnisse, der gemachten Erfahrungen. Als solche bleiben sie, wie Augustinus sagt, «im Magen der Seele» liegen:

> Ich möchte es, selbst wenn das Bild lächerlich wäre, ich möchte es den Magen der Seele, Schmerz und Freude seine bittere und süße Speise nennen. Werden die nun im Gedächtnis aufbewahrt, so können sie in ihm nicht mehr den Geschmack haben, [...] Sie (die Bewegungen der Seele – A.d.Ü.) stoßen mir daraus auf, wie die Speisen aus dem Magen, aber der Freude fehlt nun ihre Süßigkeit und der Trauer ihrer Bitterkeit.[2]

Der Magen erfüllt hier dieselbe Funktion wie Mund und Zunge, in ihm sind die Erinnerungen aufgehoben, weil sie von ihm verschlungen, verdaut und assimiliert wurden, kurz, so vollkommen in ihn eingegangen sind, dass sie Teil von ihm geworden sind. Essen hat mit Erinnerung zu tun, bemerkt auch Alves; wie sonst könnte Jesus sagen: «Esset und trinket zu meinem Gedächtnis».[3] Auf sinnlichere und diesseitigere Weise bemerkt das auch Ernest Hemingway, wenn er die Frau in *Ein Fest fürs Leben* sagen lässt: «Erinnerung ist Appetit».[4]

Aber wenn Wort und Nahrung ein und dasselbe sind, wenn die Affinitäten zwischen Erkenntnis, Erinnerung und Ernährung so mannigfach und selbstverständlich sind, dass die erwähnten Ausdrücke und Redensarten unmittelbar einleuchten, dann müsste daraus eigentlich folgen, dass die «Nahrungsmetaphorik» im Bereich von Literatur, Kunst und Philosophie genauso verbreitet sein sollte.

Poesie und Literatur als Nahrung (Erster Teil)

Schon der griechische Dichter Pindar sagte über seine Dichtung, dass sie Nahrung sei, dass seine Lyrik ein köstliches Getränk sei, und sein Gesang *(melos)* mit seinem Spiel der Assonanzen dünkte ihn süß wie Honig *(méli)*.[5] Sogar einige literarische Genres wurden in der klassischen Antike mit kulinarischen Metaphern bezeichnet: Unter «Satire» verstand man einen mit verschiedenen Ingredienzien gefüllten Teller, einen «gemischten Teller»;[6] «Farce» hingegen ist eine Füllung, und in der Tat bezeichnete der Begriff ursprünglich ein kleines komisches Intermezzo, das eine Pause in der ernsten Darbietung ausfüllte. Metaphern vom Schreiben als Kunst des Mischens und Garens von rohem Material sind weit verbreitet: Sie sind Zeugnisse für die Vorstellung, Köche und Literaten seien Handwerker und bereiteten eine schmackhafte Mischung zu, die dem Mund oder dem Geist vorgesetzt werden kann, um den Hunger der Logophagen zu stillen.

Die ergiebigste Quelle für Nahrungsmetaphern ist allerdings die Bibel, in ihr finden wir zwei dramatische Episoden, die mit dem Essen zu tun haben, den Sündenfall von Adam und Eva und das Abendmahl. Die wörtlichen und metaphorischen Bezüge auf die Nahrung sind allerdings im Alten Testament dermaßen zahlreich, dass es sinnlos wäre, sie auflisten zu wollen. Ich werde mich daher hier darauf beschränken, eine wichtige Stelle aus Ezechiel anzuführen, wo die Analogie zwischen Essen und Wort deutlicher wird als anderswo.

Der Herr bietet Ezechiel, seinem Propheten, eine Buchrolle an, die innen und außen beschriftet ist voller «Klagen, Seufzer und Weherufe.»

> Er sagte zu mir: Menschensohn, iß, was du vor dir hast. Iß diese Rolle! Dann geh, und rede zum Haus Israel! Ich öffnete meinen Mund, und er ließ mich die Rolle essen. Er sagte zu mir: Menschensohn, gib deinem Bauch zu essen, fülle dein Inneres mit dieser Rolle, die ich dir gebe. Ich aß sie, und sie wurde in meinem Mund süß wie Honig.

Die ausführliche Deutung dieser Stelle behalte ich mir für das letzte Kapitel vor, in dem es um die Todsünde der Unmäßigkeit gehen wird. Im Augenblick sei lediglich hervorgehoben, dass der Prophet, um die Worte des Herrn anzunehmen, die Rolle, auf der sie geschrieben sind, isst; und sie ist süß wie Honig, genau wie das kleine Buch, das in der Apokalypse aus der Hand des Engels entgegengenommen wird:

> Da nahm ich das kleine Buch aus der Hand des Engels und aß es. In meinem Mund war es süß wie Honig. Als ich es aber gegessen hatte, wurde mein Magen bitter.[7]

Auch das Neue Testament ist reich an Nahrungsmetaphern. Man braucht sich nur das Matthäus-Evangelium anzusehen: «Der Mensch lebt nicht nur von Brot, sondern von jedem Wort, das aus Gottes Mund kommt»; «Selig, die hungern und dürsten nach Gerechtigkeit»; «Ihr seid das Salz der Erde»; «Mit dem Himmelreich ist es wie mit dem Sauerteig, den eine Frau unter einen großen Trog Mehl mischte, bis das Ganze durchsäuert war».[8] Oder man betrachte Kapitel XIV des Lukas-Evangeliums, in dem nur von Gastmählern und Festgelagen die Rede ist, oder den Passus über «Jesus, Brot des Lebens» im Johannes-Evangelium:

> Ich bin das Brot des Lebens; wer zu mir kommt, wird nie mehr hungern, und wer an mich glaubt, wird nie mehr Durst haben… Das Brot, das ich geben werde, ist mein Fleisch, (ich gebe es hin) für das Leben.[9]

In Ostia an der Mundung des Tiber (Ostia von *ostium*, Mund, Mündung) am offenen Fenster ihres Hauses stehend, mit Blick auf den Garten, plaudern Augustinus und seine Mutter traulich miteinander und wenden sich im Geiste Gott zu: «Aber unseres Herzens dürftigender Mund schmachtet nach der himmlischen Flut deiner Quelle, nach der Quelle des Lebens, die bei dir ist…». Während sie an den Herrn denken, schweifen ihre Gedanken ab, »in's Reich der unverwelklichen Fülle, wo du Israel weidest mit der wahren Nahrung ewiglich *[veritate pabulo]*.» Hunger also als ruheloses Verlangen, das bei Gott Befriedigung sucht, weil Gott, wie Augustinus schreibt, «Brot meiner Seele» ist und «die Wahrheit Nahrung».

Gregor der Große wiederum schätzt die Schriften des Augustinus als «Weizenmehl», seine eigenen hingegen nur als «Kleie». Ihm zufolge ist die Wissenschaft außerdem zu loben, wenn sie «im Bauch des Geistes» ein Festmahl anrichtet, welches «das Fasten der Unwissenheit» *(ignorantiae jejunium)* beendet. Wenn bei Gregor vom «Bauch des Geistes» die Rede war, so spricht Alain de Lille vom «Gaumen des Geistes» *(palatum mentis)* und unterscheidet die Milch nach theologischem Muster in drei Substanzen: wässrige Flüssigkeit, Käse und Butter, die den drei Sinnschichten der heiligen Schrift entsprechen: historisch, allegorisch, tropologisch. Die wässrige Flüssigkeit entspricht der historischen Lesart, weil sie von ihrer Substanz her gewöhnlich schmeckt und nur wenig Genuss bietet; der Käse entspricht der allegorischen Deutung, da er feste und ergiebige Nahrung ist; die Butter schließlich der tropologischen Lesart, und sie ist der angenehmste und schmackhafteste Teil.[10]

Wenn wir durch die Jahrhunderte eilen, stoßen wir auf den Autor, der sich vielleicht mehr als alle anderen über das Thema der Literatur als Nahrung ausgelassen hat, nämlich Dante Alighieri. Ausführlich äußert er sich dazu sowohl in der *Göttlichen Komödie* wie auch im *Gastmahl.*

Dort erklärt er, in diesem Werk werde dem Leser geistige und intellektuelle «Speise» vorgesetzt, vierzehn Gesänge, begleitet vom «Brot» des Kommentars. An dieser Tafel, «wo das Brot der Engel verzehrt wird» (man verzeihe mir die profane Assoziation, aber ich musste bei dieser Stelle immer an das süße «Engelsbrot» denken, das man mit der Vanillehefe Bertolini backen kann), laben sich die glücklichen geladenen Gäste an erlesenen Speisen, begleitet von Brot, einem mit dem «Messer meines Urteils» von «zwei Makeln» gereinigten Brot, auch wenn freilich aus minderem Getreide (Gerste), weil der Text in der Volkssprache abgefasst ist und nicht auf Latein, was der Weizen wäre.[11]

Lassen wir Dante «seine Speisen austeilen» und sehen uns bei ein paar anderen europäischen Autoren um, die in ihren Werken ebenfalls Nahrungsmetaphern verwenden.

In einem Brief an Boccaccio aus dem Jahr 1359 vergleicht Petrarca sein Studium der lateinischen Autoren mit der Nahrungsaufnahme, wenn er erklärt, er habe die klassischen Autoren verschlungen.[12] Montaigne hingegen präsentiert sich als Koch, der dem Leser das Frikassee aufträgt, das er für ihn zubereitet hat («Letzten Endes ist dieses ganze hier zusammengekritzelte Sammelsurium nichts als die Wiedergabe der *Versuche* meines Lebens...»).[13] Béroald de Verville, ein französischer Autor des 17. Jahrhunderts, verwendet in seinen erzählerischen Texten wiederholt Nahrungsmetaphern, wenn er den Leser einlädt, den Text zu kosten, zu schmecken und zu verdauen sowie den Inhalt seines Buches zu trinken, mit zahlreichen Variationen über das Thema der Bibliophagie.[14]

Doch hören wir jetzt den Ratschlag, den Tommaso Campanella, Philosoph und Autor philosophischer Gedichte, dem Dichter zum Thema der Beziehung zwischen Essen und Literatur erteilt. Campanella empfiehlt ihm, «Koch in Versen» zu sein, das heißt, seine poetischen Dichtungen sorgfältig mit schmackhaften Anmerkungen zu würzen. Im Übrigen verdankt Campanella dieser Metaphorik viel, weshalb er beispielsweise in dem Gedicht *Unsterbliche Seele* ausruft:

> In einer Handvoll Hirn leb' ich; verschling'
> so viel, dass, wie viel Bücher diese Welt
> auch hat, sie alle mich nicht sättigen:
> wie sehr genoss ich! Und ich sterbe doch im Fasten.
> Mit einer großen Welt ernährt mich Aristarch,
> mit mehrern Metrodor, und hungriger bin ich.[15]

Als gieriger Bücherleser, als Biblio- oder Logophage wie viele von uns, ist für Campanella jede Lektüre ein Festmahl und eine gedeckte Tafel, von der man sich sein Buch/seinen Teller mit Händen nimmt, um die einzelnen Worte/Happen mit der Gabel des Blicks aufzuspießen. Oder die Speisekammer nimmt für ihn das Aussehen einer Bibliothek an, wo anstelle von Büchern Lebensmittel aufgereiht sind, wie auf der Illustration im ersten Band des *Almanachs der Feinschmecker* von Grimod de la Reynière zu erkennen (Abb. 1): In diesen Regalen findet anstelle von gebundenen Büchern jede Art von Nahrungsmitteln Platz, vom Spanferkel bis zu Pasteten und Würsten, und begleitet werden all diese Köstlichkeiten von einer stattlichen Anzahl Flaschen erlesener Weine oder geistiger Getränke, Gläser mit Früchten in Alkohol oder Gemüse, in Essig oder Öl eingelegt. Als Lampe baumelt ein riesiger Schinken von der Decke.[16]

Pädagogisches Zwischenspiel

Lesen ist Essen und Schreiben ist Kochen: das sind die Bilder, auf die sich die Nahrungsmetaphorik stützt. Doch manchmal wird die Analogie zu weit und bis zu jenem heiklen Punkt getrieben, wo die Metapher umschlägt in Wirklichkeit, so dass es möglich wird zu denken, es würde genügen, die Buchstaben zu verzehren, um sie zu lernen.

In diese Richtung weist ein ganzes pädagogisches System, das anrät, den Kindern Süßigkeiten, Kekse, Brot und Nudeln in Form von Buchstaben zu essen zu geben, damit sie das Alphabet schneller und müheloser erlernen. Daran erinnert Horaz in der ersten seiner Satiren:

> … ut pueri olim dant crustula bandi
> doctores, elemanta velint ut discere prima.

«Crustula», Röstbrot, Süßigkeiten in Form der Buchstaben des Alphabets.

Diese Ansicht teilt auch Rabelais in *Gargantua und Pantagruel*, wenn der junge Gargantua von einem Theologen Lateinunterricht bekommt und dazu Buchstaben aus Teig zu Hilfe genommen werden, ebenso wie Oliver Goldsmith, ein englischer Erzähler aus dem 18. Jahrhundert, in jener Szene im *Pfarrer von Wakefield*, als der Pfarrer zu Besuch kommt und Ingwerbrot in Form von Buchstaben des Alphabets an die Kinder verteilt. Ganz zu schweigen von einem entzückenden Kinderbuch, das meine Kinder heiß und innig liebten, worin von dem Hündchen Martha erzählt wird, das sprechen lernt, weil es die Reste der Buchstabensuppe der Kinder auffrisst.[17] Eine Möglichkeit, an die ich nie ohne eine gewisse Beklemmung denke, wenn ich dem Hund gelegentlich übrig gebliebene Buchstabennudeln zu fressen gebe. Fest steht jedenfalls, dass es für die Kinder anscheinend auch heute noch ein besonderes Vergnügen ist, in der Suppe nach den winzigen Nudelbuchstaben zu fischen, oder die alphabetischen Kekse zu knabbern, die in einigen Ländern, wer weiß warum, «Russisches Brot» genannt werden.

Poesie und Literatur als Nahrung (Zweiter Teil)

Zum Glück erschöpft sich der Lektürehunger, im Unterschied zum physischen Hunger, nie, auch wenn Kierkegaard die vermeintliche Unstillbarkeit dieses Hungers belächelt und folgende Anekdote von einem Schriftsteller erzählt: Ein Leser, der gerade eines seiner Bücher ausgelesen hat, fragt ihn, ob er bald ein neues schreiben wird. Der Autor fühlt sich geschmeichelt, «dass es einen solchen Leser gibt, der ein dickes Buch so schnell zu Ende gelesen hat und trotz der Mühe seinen Appetit nicht verloren hat».[18]

Von Kierkegaard und seinen Nahrungsmetaphern soll später, in dem der philosophischen Kost gewidmeten Kapitel, noch ausführlich die Rede sein. Was Lektüre und Literatur als Nahrung angeht, möchte ich hier noch auf eine Stelle im *Mattia Pascal* von Luigi Pirandello hinweisen. Mattia Pascal, der Mann, der seine Identität verliert und den die anderen aus dem Blick verlieren, ist soeben in der Bibliothek Boccomazza oder Santa Maria Liberale als Bibliothekar angestellt geworden. «Allein und von der Langeweile zerfressen» beschließt er seinerseits zu fressen, um nicht vollends aufgefressen zu werden; und er beginnt bei dem, was er um sich herum vorfindet, bei den Büchern nämlich. So fängt er an zu lesen, alles, wahllos, und muss zu seinem größten Erstaunen feststellen, dass der Verzehr von Büchern nicht schwer und träge macht wie der von Speisen, im Gegenteil. Es stimmt, dass Bücher, «vor allem philosophische Werke» schwer sind. «Und doch lebt in den Wolken, wer sie sich einverleibt».[19]

Marguerite Yourcenar scheint etwas anderer Ansicht bezüglich der Leichtigkeit oder Schwere von Büchern/ Speisen zu sein. Mit den großen Klassikern wie Mark Aurel, Augustinus, Petrarca, Montaigne, Saint Simon, schreibt sie jedenfalls, «scheint es ähnlich zu sein, wie mit gewissen hochkonzentrierten Nahrungsmitteln, die nur verdaulich und bekömmlich sind in Zusammensetzung mit anderen, leichter lösbaren und weniger würzigen Zutaten». Deshalb, so meint sie, sei es besser, die Lektüre der Klassiker mit der von Fénelon oder Chateaubriand abzuwechseln, Autoren, die offenbar als leichter eingestuft werden.[20]

Das Wort ist Speise, Erkenntnis ist Nahrung, Wissen ist Essen, Schreiben ist Küche. Ich will diese Materialsammlung zu Lektüre und Literatur als Nahrung mit zwei zeitgenössischen Autoren beschließen: dem französischen Essayisten Roland Barthes und dem brasilianischen Psychoanalytiker Ruben A. Alves.

Von Barthes möchte ich die Eröffnungsvorlesung am Collège de France aus dem Jahr 1977 in Erinnerung rufen, in der er ein Loblied auf das Vergessen und zugleich auf das Wissen anstimmt, und er begründet das damit, weil das eine aus dem anderen hervorgeht, und zwar in dem Augenblick, in dem man nach langem Lernen und Unterrichten die Erfahrung des Verlernens macht, oder besser, die Wirkung des Vergessens an sich erfährt, das Erkenntnisse, Kulturen und Überzeugungen absinken und sich ablagern lässt, um nur gleichsam die Würze des Wissens hervortreten zu lassen:

> Diese Erfahrung hat, glaube ich, einen berühmten und altmodischen Namen, den ich hier ohne Komplexe am Kreuzungspunkt seiner Etymologie aufzugreifen wage: *Sapientia*: keine Macht, ein wenig Wissen, ein wenig Weisheit und soviel Würze wie möglich.[21]

Der andere Autor, den ich erwähnen möchte, beschränkt sich nicht auf so nüchterne Andeutungen. Ganz bewusst inszeniert er sein Schreiben als Akt der kulinarischen Zubereitung. Mehr noch als die Identität zwischen Lesen und Essen, betont Alves die zwischen Schreiben und Kochen: Ich bearbeite meine Worte, schreibt er über sich, wie der Koch sein Essen zubereitet, und nach sorgfältiger Zurichtung gare ich sie im rechten Maß. Gemäß seiner Anschauung, derzufolge «die Welt nicht dazu ist, Gegenstand der Kontemplation zu sein», fällt Alves nun aber fast wieder zurück in eine eben der «Nahrungsphilosophie» entstammende Simplizität: Das Subjekt verschlingt das Objekt und damit hat sich's (wir werden noch auf Sartres Kritik an dieser Haltung zu sprechen kommen). Und Alves behauptet, die Welt sei da, um verzehrt zu werden, um in ein Bankett verwandelt zu werden; denn Denken heißt, unsere rohen Ideen zu verwandeln, und jede Lektüre ist ein Mahl, bei dem «Worte zum Essen» verteilt werden».[22]

Ob der Werbefachmann, der zur Steigerung der Verkaufszahlen eines Kinderbuchverlages die Idee von der «Kaffeepause in der Buchhandlung» ersonnen hat, sich über diesen symbolischen Zusammenhang wohl im Klaren war? Ich weiß nur, dass es für mich als Kind eines der größten Vergnügen war, wenn nicht das höchste überhaupt, «mit dem Heftchen zu essen». So hieß im Familienjargon unter uns Kindern die so beliebte wie verbotene Handlung, die man nur begehen durfte, wenn die Eltern zum Mittagessen nicht da waren, – was bei uns eher sehr selten der Fall war. Das Ritual bestand darin, jede Menge Comics auf den gedeckten Tisch zu häufen und das erwählte Heftchen gegen das Glas zu lehnen (das natürlich voll sein musste, sonst wäre es umgekippt), um es in vollkommener und wollüstiger Stille beim Essen zu lesen.

Ein ähnliches Vergnügen also wie das, das Lewis Carroll Alice gewährt, da der Schacht, in den sie zu Beginn der Geschichte sehr langsam hinunterfällt, voller Bücherregale und Marmeladetöpfe ist – das Entzücken der Kinder von damals. Aber auch jetzt noch bereitet es meiner Kinderseele unendliches Vergnügen, das leider selten genug gewährt wird, allein und in aller Stille zu essen, ein Buch gegen das Glas gelehnt.

Zweites Kapitel

NATUR UND KULTUR

Darstellung des *mágeiros* oder Opferpriester-Kochs.
Man beachte das Messer, das an den Schürzenbändern hängt.
Aus: Olivier Masson, *Deux statues de sacrificateurs*,
in: Bulletin de Correspondance Hellénique, XC, 1966, S. 17–19

Das Rohe und das Gekochte

Die Kulturanthropologie hat den strukturellen Gegensatz zwischen der Natürlichkeit des Rohen und der Gesellschaftlichkeit des Gekochten gern als originelle Entdeckung ausgegeben. Dabei war nicht wenigen Anthropologen schon lange vor Lévi-Strauss die Beziehung zwischen diesen beiden Gegensätzen aufgefallen.

Bereits die Philosophen Demokrit und Epikur haben den Zusammenhang zwischen Natur und Kultur, zwischen *physis* und *techné* thematisiert. Seltsamerweise wurde bei der Erörterung dieses Themas immer gern mehr oder weniger ernsthaft auf die Küche und auf die Zubereitung von Speisen Bezug genommen. Man kann also sagen, dass die Behauptung, die Küche sei mit vollem Recht als kultureller Faktor anzusehen, die heute etwas leicht Gewagtes hat, damals, vor vielen Jahrhunderten hingegen eine Selbstverständlichkeit war.

Athenaios zum Beispiel, ein attischer Komödienautor, lässt in einer seiner Komödien *Samothraikes* einen Koch auftreten, der feierlich vom Siegeszug der Kochkunst berichtet. Die Situation ist komisch, sicher, und die Worte sind ironisch. Doch das Argument lässt sich nicht so ohne weiteres lächelnd vom Tisch wischen. Unser Koch vertritt die Ansicht, dass die Zivilisation alles der Kochkunst verdanke; dass der Prozess der Zivilisation mit der Schlachtung des ersten Tieres begann, mit der Einführung von Salz und Gewürzen und der Zubereitung von immer raffinierteren Speisen weiterging – Gemüsesuppen, gebackener Fisch, Gries, Honig –, und vieles mehr. Es war die Kunst des Kochs, so seine These, welche die Menschheit aus dem primitiven Urzustand herausgeführt hat und durch die genialen Erfindungen der Kochkunst am breiten Strom des zivilisierten Lebens teilhaben ließ.

Athenaios parodiert hier Lukrez, der in *De rerum natura* die Entwicklung der Menschheit und die Verfeinerung der

Sitten in Phasen einteilt: Der Zusammenschluss der Menschen zur Gemeinschaft und die Errichtung von Hütten, der Ursprung der Sprache, das Aufkommen von politischen Gemeinschaften und des Privateigentums, vor allem aber die Entdeckung des Feuers, mit dessen Hilfe die Menschen lernten, ihre Nahrung zuzubereiten (inspiriert durch die Wirkung der Sonne).

> Darnach hat Speise zu kochen, mit Hitze der Flamme zu dämpfen,
> sie die Sonne gelehrt, da vieles sie reif werden sahen,
> von dem Stechen der Strahlen besiegt auf dem Feld und der Hitze.[1]

Lukrez spricht im Ernst, das ist keine Parodie. Ebenso wenig wie der Traktat der Kochkunst eines deutschen Autors aus dem frühen 19. Jahrhundert. Dieser Autor, ein Schüler von Montesquieu und Condorcet, ein gewisser Carl Friedrich v. Rumohr (Pseudonym: Joseph König), versuchte die Kochkunst mit dem Nationalcharakter der Völker in Verbindung zu bringen, mit ihren allgemeinen und besonderen Interessen; damit nicht genug, stellt er im Weiteren eine Beziehung her zwischen der Entwicklung der Kochkunst und dem Zivilisationsgrad der Völker.[2]

Offenbar hatte die Kochkunst also immer zu kämpfen, um sich unter den verschiedenen anerkannten Formen der Kulturausübung einen Platz zu erobern und ihre Stellung innerhalb der Kultur des Gekochten zu behaupten – und zwar gekocht im rechten Maß: weder zu schnell (verbrannt) noch zu langsam (vergoren und verfault). Es war ein harter Kampf, vor allem wegen der erbitterten Opposition, die eine Autorität wie der Philosoph Platon der Kochkunst entgegensetzte.

Kompetenzfragen

Über Platons Ernährungsweise wissen wir wenig, außer dass er gerne Oliven und getrocknete Feigen verschlang – nicht weiter ungewöhnlich für einen Athener des 4. Jahrhunderts v. Chr., und vermutlich auch für einen von heute nicht. Wir wissen allerdings, dass er etwas gegen die Gastronomie (*techné magairiké)* hatte, gegen die zu wettern er keine Gelegenheit ausließ.

Und er tat das immer in dem oft erwähnten Zusammenhang, wenn es um die Beziehung zwischen Kunst und Praxis ging. Aber wenn wir das, was er unter dem Begriff der *techné* verstand und was wir heute annäherungsweise mit «Kunst (-Fertigkeit)» wiedergeben, mit unserem heutigen Begriff von «Kultur» gleichsetzen, dann kommen wir der Bedeutung seiner Aussagen schon näher. Nie und nimmer hätte Platon zugegeben, dass die Kochkunst Kultur ist, auch wenn er gnädig einräumte, dass die Kunst, Speisen zuzubereiten, eine gewisse Geschicklichkeit und damit verknüpft gewisse Kenntnisse erfordert.

Wenn er im ersten Teil der *Politeia* Rolle und Funktion der Gerechtigkeit erläutern will, zitiert Platon als Beispiele Heilkunst und Kochkunst: Wie es der ersten zukommt, dem Leibe Arznei und heilsame Speisen und Getränke zuzuführen, so erfüllt die zweite die Aufgabe, den Speisen das Schmackhafte zu verleihen. Auch im *Euthydemus* wird der Koch wegen der Geschicklichkeit in der Ausübung seiner Funktionen gewürdigt: In seiner Funktion als Metzger ist es seine Sache, das Tier zu schlachten und zu häuten, in Stücke zu schneiden, sein Fleisch zu sieden und zu braten.[3] Kompetenzfragen gegenüber nahm Platon im Grunde die gleiche Haltung ein wie Diogenes (der Philosoph, der im Fass lebte). Befragt, warum er, wenn er einen Prozess durchzufechten hätte, einen Redner bezahlen würde, antwortete Diogenes, wenn er ein Essen zu geben hätte, würde er ja auch einen Koch anstellen.[4] Jeder in seinem Fach.

Doch diese Fähigkeiten – heute würde man sie wohl *skills* nennen – bleiben in Platons Augen rein praktische Fertigkeiten, beruhend auf Gewohnheit und Übung, jedoch ohne den Rahmen eines theoretischen Regelwerks. Kunst hingegen, oder *techné*, verlangt ein System von allgemeinen Normen und die verlässliche Kenntnis der Natur des Gegenstands, auf den sie angewandt wird. Ich glaube, wir sind uns alle einig in der Definition der Kochkunst als einer Disziplin, die einerseits einen praktischen Teil hat, das heißt die Gesamtheit der Tätigkeiten umfasst, die zur Vor- und Zubereitung von Speisen nötig ist, die Verwendung von Getränken und das Ritual der Tafel eingeschlossen, andererseits aber auch ein Korpus an Prinzipien und Regeln enthält, die es ermöglichen, optimale Resultate zu erzielen. Aber sind wir wirklich bereit, ihr neben dem empirischen einen theoretischen Status zuzuerkennen? Platon sicher nicht. Seiner Ansicht nach kann die Kochkunst keine Kunst im Sinne von *techné* sein, heißt es im *Gorgias*, «weil sie keine Rechenschaft über die natürliche Beschaffenheit der Mittel zu geben weiß, welche sie anwendet, so dass sie die Ursache zu jedem im Einzelnen nicht anzugeben weiß». Der Koch geht also mit Materialien um, deren Natur ihm unbekannt ist; er kann sie zwar verwenden, aber er beherrscht sie nicht – wie es uns heute auch ergeht, wenn wir den PC, den Kühlschrank oder den Mikrowellenherd benützen.

Tatsache ist, dass es für Platon neben den «wahren» Künsten – in seinen Augen sind das Staatskunst und Heilkunst, deren Ziel und Zweck es ist, das Wohl der Seele beziehungsweise des Leibes zu schützen – eine Reihe von Pseudokünsten gibt, die nichts weiter als korrespondierende, den ersten gegenüberstehende Formen sind – Travestien oder Schattenbilder: Scheinbar um das Wohl von Leib und Seele bekümmert, zielen sie in Wirklichkeit auf Lust und Schmeichelei ab – und die Widerlegung der Lust ist ja bekanntlich eine der Konstanten in Platons Philosophie. Diese Pseudokünste sind Turnkunst und Putzkunst, Redekunst und Kochkunst (hatten wir nicht gesagt, dass Worte Speise sind?). Der Redner und der Koch sind zu nicht mehr imstande, als der Seele und dem Gaumen Vergnügen zu bereiten und ihnen dadurch zu schmeicheln, wohingegen der Politiker und der Arzt das wahre Wohl von Seele und Körper anstreben:

> Sokrates: Frage mich, was für eine Kunst mir das Kochen zu sein scheine!
> Polos: Gut denn: was für eine Kunst ist das Kochen?
> Sokrates: Gar keine, lieber Polos.
> Polos: Sondern? Sprich!
> Sokrates: Gut: eine Fertigkeit.
> Polos: Worin? Sprich!
> Sokrates: Gut: in der Erzeugung von Wohlgefallen und Lust, lieber Polos.[5]

Abgestempelt als praktische Übung, die einzig befähigt ist, Vergnügen zu erzeugen, bleibt unserer Kochkunst nichts anderes übrig, als sich mit der Redekunst zusammenzutun, die laut Platon ebenfalls eine wertlose, verderbliche und spitzfindige Kunstfertigkeit ist.

Durch dieses gemeinsame negative Urteil bestätigt Platon uns in unserer Deutung, wonach Redekunst und Kochkunst das gleiche Schicksal teilen, weil sie sich mit demselben Gegenstand beschäftigen. Der geschwätzige, redundante Wortschwall des Redners verbindet sich bei Platon implizit mit der Unmäßigkeit beim Essen: Und in der Tat begegnen sich die Lust am Wort und die Lust am Essen im Mund, dem absoluten Ort der Schuld: Ein Exzess an Speisen, zubereitet von der Kochkunst, entspricht einem Exzess an Worten, elaboriert von der Redekunst. Wir streifen dieses Thema hier nur, ausführlich wird es im letzten Kapitel behandelt, wo es um die Sünde der Völlerei genau aus dieser Perspektive gehen soll, nämlich als Exzess an Speisen und Worten.

Der Mund

Im Zusammenhang mit der gemeinsamen Verdammung von Rede- und Kochkunst ist der Mund so zum Ort des Zweideutigen und der Schuld geworden. Und eben dem Mund wollen wir uns nun auf unserem kulinarisch-philosophischen Streifzug zuwenden.

Der Mund, erklärt uns die Neurophysiologie – und wir haben das selbst in der Einleitung behauptet –, ist ein Ort des Durchgangs und der Vermittlung zwischen peripheren Sinnesorganen und inneren Verdauungsorganen, zwischen Außen und Innen. Hier überschneiden sich in ihren Funktionen Speiseröhre, Rachen und Kehle, das heißt Ernährung und Atmung. Hier «atmet, schluckt, schmeckt, spricht, riecht [man] ... die Mundregion [ist] eine Übergangszone, die zwischen Außen und Innen eine Mittlerrolle spielt».[6] Im Mund vermengen sich, wie Hegel bemerkte, Worte und Küsse einerseits, andererseits Essen, Trinken und Spucken, das heißt höchster Ausdruck des Geistes und pure Animalität. Genau wie, erläutert der idealistische Philosoph, «bei den Ausscheidungsorganen und den Genitalien der höchste und der niedrigste Punkt in der tierischen Organisation innig miteinander verknüpft sind».[7]

Aber der Mund ist auch ein Ort, wo kein Licht ist, er ist auch die Höhle, die das Behältnis des Leibes nicht nur öffnet, sondern auch versiegelt, in seinem inneren Dunkel einschließt. «Das Ich bin ist innen»; «jedes Innere ist an sich dunkel...», schrieb Ernst Bloch, «alles ist hier nur zu fühlen, leise kochend, leicht brausend».[8]

Das Welt schöpfende Wort, der griechische *lógos*, das lateinische *verbum*, kommen aus dem Mund, wie im Mund das Wort geboren wurde, das Christus hervorbrachte, denn die Verkündigung ist nichts anderes als Empfängnis durch das Wort. Maria empfängt die Verkündigung des Heiligen Geistes, nimmt das Wort auf, wird schwanger und gebiert ihren Sohn Jesus. Genau wie die Pythia oder die Sybillen der griechischen Mythologie, die gnostischen Prophetinnen oder die Teilnehmerinnen an den orphischen Mysterien den Geist, das Wort in ihrem Schoß empfingen und, von Begeisterung schwanger, nicht Kinder gebaren sondern Worte,[9] prophetische Worte wie die auf der göttlichen Buchrolle, die Ezechiel verschluckte.

Dies sage ich nicht so sehr, um mich auf das schon von Freud anvisierte und von seinen Schülern in allen Richtungen erkundete Gebiet der Beziehungen zwischen Oralität und Sexualität zu begeben, darauf kommen wir später noch zurück. Ich sage es vielmehr, um durch diese Parallele zwischen Verdauung und Erotik, von «mündlich» und «sexuell», noch einmal die Vorstellung vom Körper als einem Behältnis für Essen und Worte zu bekräftigen. Durch Mund, Rachen und Kehle, durch die Speiseröhre gleitend, fallen die Worte in das Behältnis des Leibes und des Geistes, um dort verschlungen, verdaut, verschluckt zu werden.[10]

An der ersten Phase dieses Vorgangs sind auch die Zähne und die Zunge beteiligt. Die sich bemüht, die Worte zu zerkleinern («scharfe Zunge», «spitzzüngig», «doppelzüngig» – um Worte und Lügen besser aufspießen zu können?), sie in Stücke zu schneiden (plaudern heißt auf Altgriechisch *kòptein*, in Stücke schneiden, zerhacken) – genau wie es das Messer des Urteils bei Dante macht: Wie wir sahen, schnitt es schlechte Stellen seines Textes weg; oder wie Ockhams Rasiermesser, das allerdings die überflüssigen Wesen in Scheiben schneidet.

Zusammen mit der Schürze ist das Messer unmittelbar erkennbares Wahrzeichen des Kochs, wie wir gleich sehen werden, des Kochs, der Speisen und Worte aufschneidet. Was uns den Anstoß gibt, uns diese Kunst und Praxis der Worteküche nun näher zu betrachten.

Drittes Kapitel

THEORIE UND PRAXIS DER WORTEKÜCHE

Koch. Terrakottafigur aus dem Berliner Antiquarium.
Aus: Robert Zahn, *Maison*, in: «Die Antike. Zeitschrift für Kunst und Kultur des klassischen Altertums», II, 1926, S. 328–330

Küche und Alchimie

Als wir auf die Ähnlichkeiten zwischen der Form des Magens und der des Destillierkolbens, dem charakteristischen und unverwechselbaren Arbeitsinstrument der Alchimisten hinwiesen, hatten wir schon einen ersten Blick in dieses Laboratorium geworfen, in dessen Töpfen und Tiegeln in einer großen Ursuppe die Materie der Welt brodelt. Und tatsächlich können wir nicht leugnen, dass Praxis und Lehre der Alchimie, der großen Vorläuferin der Chemie, viel mit der Kochkunst zu tun haben, und das fängt schon bei der Form der Werkzeuge an: Kessel und Tiegel, Schüsseln, Destillierkolben, Mörser, Stößel, Schöpflöffel, Messlöffelchen, Messer und Gabeln. Sehen wir uns beispielsweise einen Moment lang den berühmten Dürerschen Kupferstich *Melencolia I* etwas genauer an. Viele der hier versammelten Werkzeuge, die einem alchimistischen Laboratorium entstammen, wären in einer Küche nicht fehl am Platz: Vielleicht nicht gerade das schäbige große Messer zu Füßen der weiblichen Figur, das eher eine Säge ist, aber sicherlich der Tiegel, der im Hintergrund links neben dem großen Stein auf der Flamme eines Öfchens steht, die Balkenwaage (in dieser oder einer anderen Form unverzichtbar, um die Zutaten zu wiegen, auch für Leute wie mich, die viel zu oft nach Augenmaß kochen), die Sanduhr (um die Garzeiten zu messen) und die Glocke: «Das Essen steht auf dem Tisch!» Alle drei hängen an dem Turm oder Ofen hinter den beiden Figuren.

Und dabei ist allgegenwärtig das Element des Feuers, das die Elemente einschmilzt, koaguliert, amalgamiert, verbindet und scheidet, bis sich auf dem Boden des Tiegels der gesuchte Stoff zeigt. Das Verbinden und das Scheiden der Elemente sind in der Alchimie, in der Chemie, der Kochkunst und, wie wir sehen werden, auch in der Philosophie die wesentlichen Momente. Es gibt eine sehr einfache Methode,

Anfängern in der Küche zu erklären, wann das Ragout oder ein einfacher Tomatensugo fertig sind. Der magische Moment ist da, wenn Öl und Tomaten (natürlich keine frischen Tomaten, sondern geschälte oder pürierte aus der Dose), die zunächst getrennt in den Topf gegeben wurden und sich dann beim Kochen verbanden, sich wieder trennen. Wenn das Öl und die Tomaten sich trennen, sage ich zu einem meiner Söhne, dem Zauberlehrling in der Küche, musst du ausschalten, der Sugo ist fertig. Ein Beispiel für eine Verbindung im Ruhezustand ist hingegen der Teig für Crêpes, der Guidos Spezialität ist. Kaum zehnjährig, war er in der Lage, Dutzende von hauchdünnen und zarten Pfannkuchen einen nach dem anderen zu backen. Doch auch Guido weiß, dass seine Crêpes misslingen würden, wenn der Teig aus Eiern, Mehl und Milch nicht mindestens zwei Stunden lang ungestört ruhen kann.

«Die Kochkunst stammt direkt von der Magie und von der Alchimie ab, und die Dampfwolken, das Feuer und die Dunstschwaden, die sich über dem Rauchabzug zusammenbrauen, sind das Wahrzeichen für unsere Verbindung mit jenen Höhlen, wo die Materie der Welt brodelt, koaguliert, sich löst und die Welt durch Verwandlung verändert».[1] Die Küche als alchimistische Höhle also, wo die Speisen brodeln und die Getränke gären und der alchimistische Koch sie nach der Destillation in der Wölbung seiner Hand versammelt. Kochen als Traum von der Verwandlung der Dinge in den kostbarsten Stoff, den Stein der Weisen, Gold, das erlesene Gericht.

> Ein Fest, schreibt unser Freund Alves, ist ein magisches Ritual. Man nimmt sich nichts Geringeres vor als die Verwirklichung des Traums der Alchemisten: die universelle Transsubstantiation der Dinge. Es beginnt bei den magischen Kräften der Verdauung. Zwiebel, Paprika, Bohnen, Kartoffeln, Tomaten, Brot, Kalbfleisch, Hühnerfleisch, Fisch, Langusten, Kuchen, Käse,

> Wein, Bier... Lauter verschiedene Dinge. Sie tragen verschiedene Namen. Sie haben verschiedene Eigenschaften. Und doch verlieren sie durch die alchemischen Prozesse des Körpers ihre Identität. Sie hören auf zu sein, was sie waren. Sie werden assimiliert.[2]

Das Kochen, erklärt derselbe Autor, ist ein alchimistischer Akt, der dem Rohen durch die Magie des Feuers dazu verhilft, sich in Nahrung zu verwandeln. Wie die Alchimie, fügt die Kochkunst zusammen, was die Natur getrennt hatte; sie zerschneidet, zerhackt, zerstampft, kurz, scheidet, um dann alles zu menschlich und kulturell wohl geordneten, in nichts dem Naturzustand überlassenen Formen neu zusammenzusetzen.

Rezepte und Ideen

Die Küche – sagten wir – scheidet zunächst und setzt dann, bestimmte, genau festgelegte Vorschriften befolgend, zu wohl geordneten Formen neu zusammen. Denn die Küche ist kein ungeordnetes Universum, worin alles in einen Topf geworfen werden kann, damit alles zusammen in der einen großen Weltsuppe brodelt. Ganz im Gegenteil, sie ist ein wohl geordnetes Universum, ein «geschlossenes System», wie La Cecla im Hinblick auf die Pasta betont. Die Pasta lässt sich nicht mit jeder Art von Sauce anrichten, nicht jedes Gewürz darf verwendet werden, wie ein deutscher Freund der Autorin glaubte ungestraft tun zu dürfen, indem er den Freunden Spaghetti mit gekochten Bohnen und rohen Paprika vorsetzte. Der Fehler des Deutschen bestand darin, zu glauben, die Pasta sei «ein offenes, und für Innovationen empfängliches System», so dass sich den unendlich vielen Variationen ohne weiteres eine neue hinzufügen liesse. Dem ist aber nicht so. Nur die «Eingeborenen» der Küche, die ihr Idiom beherrschen wie die Muttersprache (wie um noch einmal zu bekräftigten, dass Essen Sprache und Sprache Essen ist); nur sie kennen das heikle und weite Feld der zulässigen Variationen, außerhalb dessen ein Rezept wie die besagten Spaghetti mit Bohnen und Paprika einen Missklang hervorbringen, ähnlich dem originellen, aber verunglückten Wortwitz eines Fremden in einer Sprache, die er nicht recht beherrscht.

Die Küche ist also ein geschlossenes System, ausgestattet mit Ritualen und Vorschriften, die manchmal seltsam und unverständlich anmuten. «Warum muss ich die Mayonnaise immer in derselben Richtung rühren?», fragte mich einer meiner Zauberlehrlinge, Cosimo, als er mir bei dieser wirklich magischen Operation zur Hand ging, die ja darin besteht, aus wohl unterschiedenen Zutaten wie Eigelb, Öl, Zitronensaft und Salz eine gleichmäßige, gelb-weißliche, cremige Masse herzustellen, die jegliche Ähnlichkeit mit den Ausgangsstoffen verloren hat. «Weil sie sonst kippt», lautete und lautet unfehlbar meine Antwort im mütterlichen Jargon. «Kippt?», fragte der kleine Zauberlehrling, für den die Sprache und ihre Metaphern viel realistischer und anschaulicher sind als für den Erwachsenen, und sah mich fragend an. Wer weiß, welche abenteuerlichen Balanceakte er sich unter dem «Kippen» einer Creme vorstellte!

Wie dem auch sei, die Regeln müssen eingehalten werden oder übertreten, aber erst, nachdem man sie von Grund auf studiert hat; wie der Sprecher oder Schreiber, der sich rhetorische Kunststücke erlaubt, weil er weiß, dass er sie beherrscht und einzusetzen versteht. Und hatte Platon nicht alles erfasst, wenn er Redekunst und Kochkunst gemeinsam anklagte? Denn was sind auf dem Gebiet der Gastronomie die Regeln wenn nicht Rezepte? Und was sind die Rezepte, wenn nicht Urbilder, zu denen der Geist aufschaut, um mit den Händen die Wirklichkeit des Gerichts herzustellen?

Da wären wir auf Umwegen also doch wieder bei Platon gelandet. Rezepte leben wie Ideen in jener merkwürdigen, ihnen vorbehaltenen Welt, sie sind geistige Urbilder, ausgestattet mit ihrer ureigensten Form und ihrer Erkennbarkeit. Was sonst würde es uns ermöglichen, eine Minestrone wiederzuerkennen und unfehlbar zu erklären: «Das *ist* eine Minestrone», weder eine leichte Brühe noch eine Gemüsesuppe? «Im Geschmack hat jeder das Muster oder das Urbild im Kopf», erklärte Kant.[3]

Ein ähnliches Problem scheint Kierkegaard mit dem Christentum zu haben: Wie das «wahre» Christentum von seinen Fälschungen und Nachahmungen unterscheiden? Die Antwort gibt er mithilfe einer Nahrungsmetapher, vor dem Hintergrund der Idee, dass das Christentum Speise ist. Nehmen wir an, erklärt Kierkegaard,

> jemand würde einen Braten mit Zucker zubereiten und ihn auch weiterhin Braten nach Jägerart nennen; hätte ich da nicht recht, zu behaupten, das sei kein Braten nach Jägerart?

Also kein Zucker an den Braten, und auch nicht in den Minstrone, bitte schön. Eine andere Art, die Reinheit des Christentums zu verfälschen, besteht darin,

> es scharf gewürzt wie die Vorspeisen zu servieren: Beweise, Begründungen, Wahrscheinlichkeiten und ähnliches. Da konzentriert sich die Predigt dann am Ende ganz auf die Vorspeisen. Das heißt, das Christentum wird verraten.[4]

Es ist hoffentlich klar, dass ich mich nicht zu der Behauptung versteige, Rezepte seien universale und ewige Wirklichkeiten, zu allen Zeiten und für alle menschlichen Zusammenhänge gültige Realitäten. Ich vertrete keinen kulinarischen Universalismus, ich bin da doch eher kommunitaristisch gesinnt. Ich behaupte jedoch, dass Rezepte regulative Prinzipien sind, die Folgendes gewährleisten: 1. die Wiedererkennbarkeit des Gerichts; 2. die Wiedererkennbarkeit desselben Gerichts inmitten anderer, ähnlicher, aber verfälschter Gerichte (einer Pseudo-Minestrone zum Beispiel). Ein Gericht, das die Regeln seiner Zubereitung nicht befolgt, ist wie eine Falschaussage.

Um ein Gericht mit einem besonderen Geschmack wiederzuerkennen, muss ich, wie Kant im oben zitierten Satz schreibt – den er in einem Moment platonischer Begeisterung verfasst haben muss –, sein Muster oder Urbild im Kopf haben. Und das nicht nur bei einfachen Dingen mit eindeutigem Geschmack wie einer Birne, sondern auch bei einem komplexen Gericht mit vielfach zusammengesetztem Geschmack wie es etwa, denkt man an Kants Vorlieben, eine Rinderbrühe mit einer Einlage von Reis oder Fadennudeln sein könnte.

Der Koch

Und wer ist es, der die Gerichte nach Rezept oder, innerhalb der Grenzen des Zulässigen experimentierend, verwirklicht? Der Koch natürlich, unser Worte-Koch, den die Tradition bei genauerem Hinsehen tatsächlich als geschwätzig und anmaßend hinstellt. Wenn ich sage Koch, dann meine ich freilich jeden, der das Geschäft des Kochens besorgt, und sei es auch nur sporadisch. Also nicht nur den professionellen Koch im Restaurant oder im begüterten Haushalt, sondern auch die Köchin im Haus, vor allem aber wohl diejenige oder denjenigen, die regelmäßig kochen, auch wenn sie daneben noch andere Identitäten besitzen, die sie im Lauf des Tages wechseln. Ich denke also mehr an die Frau in der Küche – die außerhalb der Küche ohne weiteres berufstätig sein kann –, die sich jeden Tag etwas einfallen lässt, was sie für die Familie auf den Tisch bringen kann, und dabei entweder auf die Vorräte im Haus zurückgreift oder einkaufen geht – improvisierend, nach Rezept oder nach Lust und Laune verfahrend. Eine Person also, die aus dem Kochen keinen Mythos macht, die aber auch nicht jeden Tag Tiefkühlkost oder Dosengerichte auf den Tisch stellen würde, und die vielleicht auch schon darauf geachtet hat, dass die Kleinkinder nicht nur mit Babynahrung großgezogen wurden, diesen geschmack- und geruchlosen Breichen, die sich nur der Farbe nach unterscheiden, die aber immer blass ist und nur von Ferne an den Inhalt erinnert, ganz gleich ob Obst oder Fleisch, aber eher wohl nur die Mutter, das Baby sicher nicht. Denn wie soll sich das Kind vorstellen können, dass Erdbeeren rot sind, wenn es nie welche gesehen hat und nur diesen rosa Brei kennt, der, wie auf dem Etikett angegeben, aus «Erdbeeren mit Frischkäse» besteht – aber so wenig ein Baby reden kann, kann es schließlich auch nicht lesen.

Eine Frau ist also meiner Ansicht nach meine natürliche Gesprächpartnerin. Um aber niemanden zu diskriminieren, will ich einräumen, dass zum semantischen Universum «Koch» neben dem professionellen Koch auch der Hobbykoch zählt, genauer, der Mann, der mit einer gewissen Konstanz und Kompetenz kocht. Denn ich glaube, wir haben einen gemeinsamen Horizont, was ihm erlaubt, das, was ich hier sage, zu verstehen, vielleicht sogar, meine Ansichten zu teilen. Das gilt freilich nicht für die Einmalköche, die die Küche mit schmutzigen Töpfen und verschmiertem Herd zurücklassen. In der Tat möchte ich bezweifeln, dass meine Worte für diejenigen, die eine wenn auch bescheidene Küchenerfahrung haben, dieselbe Bedeutung haben wie für diejenigen, die von den Verfahren, Zeiten und Abläufen überhaupt nichts wissen. Wie der Neokantianer Ernst Cassirer: Als seine Frau einmal krank zu Bett lag, bat sie ihn um ein Glas warme Milch. Der Philosoph betrat zum ersten Mal in seinem Leben die Küche, in der Absicht, sie zweckmäßig zu benützen, stellte die Flasche Milch direkt auf die Herdplatte und verursachte damit eine kleine Katastrophe.

Wenn im alltäglichen Leben ein jeder Küchenfunktionen

übernehmen kann, ohne dass er deswegen Koch sein muss, ist der Koch in der Literatur hingegen eine genau umrissene Gestalt, die wieder einmal Kochen und Reden in sich vereint.

Im alten Griechenland, der Wiege der abendländischen Philosophie, bereiteten gewöhnlich die Frauen, Freie und Sklavinnen, die täglichen Mahlzeiten zu, die meist einfach waren, und strikt auf den Ingredienzien der «mediterranen Kost» basierten: Brot, Grieß, Haferflocken (die auch Wittgenstein sehr schätzte); Bohnen, Knoblauch, Linsen, Karotten, Rüben und Salat (bei den Zynikern wie Diogenes und Metroklos sehr beliebt); Fisch (vermutlich das Hauptnahrungsmittel); Fleisch (nur bei großen Gelegenheiten); Käse (den Epikur besonders mochte), Oliven (die, wie wir wissen, Platon in großen Mengen verzehrte), rohe oder gekochte Eier (den Stoikern galt das Ei als das Symbol der Philosophie schlechthin), Honig (Leibspeise des Pythagoras) und Obst: Äpfel, Datteln, frische und getrocknete Feigen, Weintrauben, Birnen und Granatäpfel, die die Griechen, allen modernen Ernährungsvorschriften zum Trotz, zum Abschluss der Mahlzeit als Dessert verspeisten.[5]

Während die anspruchslose alltägliche Küche im alten Griechenland den Frauen oblag, war die Zubereitung eines Fleischgerichts nur Männern gestattet. Sie war nämlich verknüpft mit dem Opferritual, trug also sämtliche Merkmale einer hohen Festlichkeit, bei der als geladene Gäste auch die Götter zugegen waren und wo das Zuschneiden und Garen des Fleisches Teil eines Rituals war, das zelebriert wurde von der Figur des *mágheiros* (Metzger, Magier), Opferpriester und Koch in einem. Im sozialen und religiösen Denken Griechenlands gehörten der Verzehr von Fleisch und die Inszenierung von mit Blut verknüpften Opferritualen unmittelbar zusammen. Ursprünglich war die Rolle des Kochs also mit kultischen Funktionen verknüpft, von denen sie sich langsam ablöste, um sich aufzuspalten in die Aufgaben des Schlachters und Fleischverkäufers einerseits, andererseits desjenigen, der Speisen und Getränke aller Art zubereitet.[6]

Die Wahrzeichen des *mágheiros*, die ihn auf Anhieb zu identifizieren erlauben – genau wie ihre Attribute die christlichen Heiligen: die Muschel für den Heiligen Rochus und die Rosen für die Heilige Rita –, sind, wie wir bereits erfahren haben, Messer (*máchaira*) und Schürze (*perízoma*) (Abb. 2).

Und genau so, sich die Schürze bindend und das Messer schwingend, betritt der Koch in der attischen Komödie gewöhnlich die Bühne. In einer sehr turbulenten Komödie des Damoxenos mit philosophischem Thema greift ein Koch in die Debatte zwischen Epikureern und Stoikern ein und bekennt sich als überzeugter Epikureer. Und um seine ganze Entschlossenheit zu demonstrieren und den Willen, seine Position bis aufs letzte zu verteidigen, betritt er die Bühne, energisch die Bänder seiner großen Schürze knotend.[7]

Weitere typische Züge, die der Koch sonst noch haben kann, sind Leibesfülle und, noch wichtiger, grobe Gesichtszüge: dicker Kopf, wulstige Lippen, platte Nase, Glatze, von der ein paar spärliche Haare herunterhängen (etwa wie Sokrates?) (Abb. 3) – alles andere als das klassische Ideal griechischer Schönheit!

Das Äußere des Kochs ist so beschaffen, dass es ohne weiteres auf seine innere Beschaffenheit schließen lässt: Einfältigkeit (der große Kopf), Gefräßigkeit (der fleischige Mund, Bauch und Gesicht prall und rund), Anmaßung und Geschwätzigkeit (vorgewölbte Brust, aufgerissener Mund).

Die Gefräßigkeit ist offenbar allein schon durch die Berufswahl bedingt sowie durch die Neigung, während der Zubereitung des Essens etwas zu häufig zu kosten – es gibt Köche, die überall herumkosten und probieren, womöglich sogar den Finger in das Gericht stecken, um ihn dann genüsslich abzuschlecken, und Asketen der Küche, wie mich, die während der Zubereitung gar nichts anrühren und ganz spartanisch einzig nach Duft und Farbe beurteilen, ob die Gerichte im rechten Maß gewürzt und gar sind.

Von der Einfältigkeit, die auch mit der schlecht verhohlenen Anmaßung und Aufgeblasenheit zusammenhängt und auf die niedrige soziale Stellung des Kochs hinweist, gibt es eine Beziehung zur Dickleibigkeit: Dick sein heißt dumm sein, und umgekehrt. Kurioserweise ist das auch durch eine Reihe von Ausrücken belegt, in denen die Idee des Dickseins mit der der Dummheit verknüpft erscheint: Zum Beispiel das italienische *matto* = dumm, blöd, und *macco* (Bohnenpolenta), die sich vom Griechischen *masso/matto* (kneten) herleiten; in der übertragenen Bedeutung finden wir sie noch heute in Worten wie *polentone* oder *maccherone*, *frittella*, *gnocco*, alle in der Bedeutung von dumm, blöd, einfältig. Als dumm gilt auch der Stockfisch, *baccalà*, ein Gericht aus getrocknetem Kabeljau, ein Verwandter des *maccarello*, auf Deutsch Makrele. Alles ließe sich also auf eine gemeinsame indogermanische Wurzel *mag* = «dick sein» im konkreten und im übertragenen Sinn zurückführen.[8] *Macco*, *maccherone* im Sinne von dumm, weil man mit der Küche zu tun hat, gibt es auch in anderen Kulturkreisen, so beim deutschen Hans Wurst, dem französischen Jean Potage oder Pinocchio (von *pinolo*, Pinienkern). Aus demselben Zusammenhang von Grobheit und Dummheit erklärt sich auch der Ausdruck «Küchenlatein» für ein fehlerhaftes und plumpes Latein. Das Küchenlatein ist, wie sein größter Interpret, Teofilo Folengo erklärt, wie ein deftiges Gericht aus Mehl, vermischt mit Butter und Käse (die Verbindung mit Tomaten war noch nicht erfunden…): Es ist also eine grobschlächtige, plumpe Sprache, gewürzt mit Ausdrücken in der Volkssprache.[9]

Gefräßig und dumm ist er also, unser Koch, vor allem aber anmaßend und geschwätzig. Der erste Charakterzug, die Anmaßung (griech. *alazoneía*), erklärt sich vermutlich aus der zeitgenössischen Wirklichkeit. Trotz des sozialen Abstiegs, den er im Lauf der Zeit durchmachte, strahlt der Koch doch immer noch etwas vom Glanz des *mágheiros* aus, von der alten Verbindung zwischen Küche und Opferkult. Seine Haltung ist wahrscheinlich auch von dem Bewusstsein um die Würde seiner Stellung und seines Amts bestimmt, in denen sich offenbar die aristotelische Formel vom rechten Maß verwirklicht: «Wie es sich gehört, wann es sich gehört, in dem Maße, wie es sich gehört.» Das sind die Vorzüge einer *techné*, die als solche anerkannt sein und sich ihren berühmteren Schwestern zugesellen will.

Der zweite Charakterzug, die Geschwätzigkeit (griech. *lalía*) gehört mit Fug und Recht in den Komplex der Übereinstimmungen zwischen Wort und Speise. Der Koch ist geschwätzig, weil das, was er in den eigenen Magen hinunter schluckt oder dem der anderen vorsetzt, in Form von Worten wiederkehrt, ihm den Mund anfüllt und hinaus, sich über die anderen ergießen will. Nicht nur das: «Durch ständiges Hantieren mit dem Küchenmesser hat unser Held schließlich gelernt, auch seine Zunge geschickt wie ein Messer einzusetzen: eine nicht immer böse, böswillige oder klatschsüchtige Zunge, aber immer schnalzend, provozierend, lästig, ein echtes Mahlwerk».[10]

Eine scharfe und spitze Zunge, ergänzen wir, die wir die Geschichte nun schon kennen, eine «lästige» Zunge oder Lästerzunge, oder besser, eine, die mit des Messers Schneide die Muschel öffnet, die Schale aufbricht und das, was innen ist, zwingt, hervorzutreten; oder eine Zunge, die Urteile fällt, wie sie einen großen Fisch tranchieren würde usw. Ein Wortekoch, unser Koch, einer, der «zu allem seinen Senf dazu gibt» und uns umgarnt, indem er alles mit seinem Gerede würzt.

Auch Chichibío in Boccaccios *Decamerone* verhält sich ähnlich. Der dumme Koch weiß nicht, wie er den Zorn seines Herrn besänftigen soll, weil er behauptet hatte, ein Storch habe nur ein Bein; da entschlüpft ihm die witzige Bemerkung: «Ja, Messere, aber den von gestern Abend habt Ihr nicht mit Hoho! angeschrien; hättet Ihr ihn ebenso angeschrien, so hätte er ebenso wie dieser das andere Bein und den andern Fuß herausgestreckt», die den Herrn belustigt und seinen Zorn in Lachen verwandelt.[11]

An diesem Punkt wird immer klarer, warum Platon den Redner und den Koch für bloße Handwerker des Wohlgefallens hielt und ihren Beruf mit einer negativen Note versah: weil beide mit ihrem Geschwätz schmeicheln und schaden, schön tun und lästig fallen.

Viertes Kapitel

DIE PHILOSOPHISCHE KÜCHE

Die Philosophie, dargestellt als Bär, der seine eigene Tatze frisst (*ipse alimenta sibi*). Aus: Johann Jacob Bruckner, *Historia critica philosophiae a mundi incunabilis ad nostram usque aetatem deducta*, Leipzig, 1742, Bd. 1

Einheit und Vielfalt

Am Anfang der Philosophie standen sich zwei bedeutende Schulen gegenüber: Die Eleaten (nach der Stadt Elea, im heutigen Süditalien) und die ionischen Philosophen (aus Ionien an der kleinasiatischen Küste, heute Türkei). Die Eleaten im Westen lehrten die Einheit, die ionische Schule im Osten vertrat die Vielfalt. Der erste Einheitslehrer unter den eleatischen Philosophen war Xenophanes, auch wenn der berühmteste Vertreter dieser Schule Parmenides war. Nach Parmenides kann das Wirkliche nur in seiner Gesamtheit erfasst werden; das Sein *ist*, und es *ist* in seiner Eigenschaft als Einheit und Totalität, es entsteht und vergeht nicht: «So ist Entstehen verlöscht und Vergehen verschollen. Auch teilbar ist es [das Sein] nicht, weil es ganz gleichartig ist».[1]

Die ionische Schule, als deren wichtigster Repräsentant Heraklit gilt, lehrte dagegen, dass die Wirklichkeit vielfältig ist, voran getrieben vom Widerstreit der Gegensätze, aus deren Zusammenspiel, durch die Entwicklung und Verwandlung eines Gegensatzpols in den anderen, das Werden hervorgeht: «Denn die Vereinigung aller Dinge zeugt und zerstört das eine, das andere, eben herangewachsen, fliegt wieder auseinander, wenn sie [die Elemente] sich trennen».[2]

Und in der Tat ist es diese Wechselbeziehung zwischen Einheit und Vielfalt, woraus die Philosophie im Lauf ihrer Geschichte ihre Themen und ihre disziplinäre Besonderheit entwickelt hat, inhaltlich wie methodisch. Tatsächlich versucht uns die Philosophie seit über zweitausend Jahren zu sagen, wie Einheit und Vielfalt möglich, vereinbar oder unvereinbar sind, und tendiert dabei in manchen Fällen dazu, einen der beiden Aspekte zu verabsolutieren und folglich zu erklären, dass die Welt entweder nur Einheit oder nur Vielfalt ist. Und sie versucht das mithilfe von Verfahren, die ebenfalls auf den Vorgängen von Vereinheitlichung oder Aufteilung beruhen. Philosophisch denken heißt im Wesentlichen, über Einheit oder Vielfalt der Welt nachzudenken, und dabei nach logischen Gesetzen vorzugehen: Zergliedern, Entgegensetzen und neu Zusammenfügen, unter dem Einfluss von Ahnungen, Eingebungen und tiefen Notwendigkeiten.

Um die Komplexität der Welt zu begreifen, betrachtet das philosophische Denken das Vielfältige aus der Perspektive der Einheit, zergliedert es die Einheit aus dem Blickwinkel der Vielfalt; die der Erkenntnis eigene Fähigkeit zur Verallgemeinerung bedeutet, die Wirklichkeit vom Standpunkt der Einheit aus neu zu ordnen, die Fähigkeit zur Analyse des Besonderen hingegen erfordert Entfaltung des Vielfältigen, was die Grenzen der Einheit übersteigt.

Beim Zergliedern, welches das Vielfältige erschließt, können die Inhalte parataktisch nebeneinander gestellt oder hypotaktisch zu einer hierarchischen Ordnung gefügt werden. Beim Wiederzusammensetzen, das neue Einheit erschafft, werden die Inhalte nach einem syntaktischen Prinzip angeordnet. In den Prozessen des Zergliederns und Wiederzusammensetzens werden die Dinge isoliert und einzeln betrachtet und, sofern sinnvoll, zu neuer Einheit zusammengefügt.

Das ist im Grunde das Verfahren der Philosophie und zugleich eines ihrer Grundprobleme, das im Lauf ihrer Geschichte durch sämtliche Paradigmenwechsel hindurch in unterschiedlicher Form immer wieder aufgetaucht ist. Es hat monistische philosophische Systeme gegeben, die die Gesamtheit der Dinge für zurückführbar hielten auf eine ursprüngliche Einheit, sowohl der Substanz nach als auch nach logischen, physischen und moralischen Gesetzmäßigkeiten; und es hat pluralistische Systeme gegeben, die betonten, dass die Wesen, die die Welt bevölkern, vielfältig und unabhängig sind und nicht bloße Erscheinungsformen einer zugrunde liegenden, einheitlichen Wirklichkeit.

Sind nun aber nicht Zergliedern der Einheit und Zusammenfügen der einzelnen Elemente zu einer neuen Einheit (Hegel hätte das den Dreischritt von These, Antithese zur Synthese genannt) genau die Operationen der Küche? Bestehen Zubereitung des Essens und Kochen nicht eben im Zerlegen und neu Zusammensetzen, im Mahlen und Verrühren, im Schneiden und Vermischen?

Die Wurzel *mag* in der Bedeutung von «dick sein» im eigentlichen und im übertragenen Sinn (zugleich auch die Wurzel von *mágheiros*, Koch) bedeutet wörtlich genommen «verkneten», ein Ausdruck, der auf Mehl und Brotteig verweist, wie das deutsche *machen* und das englische *to make*, was zunächst «kneten, formen» bedeutete, dann allgemein «machen».

Der Begriff des Knetens assoziiert auch den Vorgang «eine Masse (griech. *mágma*) aufgehen, quellen lassen». Was so viel bedeutet wie vom Begriff der Einheit zur Vielheit zu gelangen, vom Teig zum Mischmasch und umgekehrt vom Mischmasch zum Teig. In diesem Umfeld erscheinen auch die Begriffe des Schlachtens *mactare*, *mágheiros* usw. mit ihrer Bedeutung von «aufteilen», «aus einem Ganzen mehrere Teile machen», «wachsen lassen».[3]

Interessante, aufschlussreiche Bedeutungsvarianten zu einem Verfahren, das Manualität und Oralität eng miteinander verknüpft, wenn man bedenkt, dass das italienische Verb für Essen, *mangiare*, über das lateinische *manso* (auch in den Formen *maso* und *masso*) ebenfalls von der Wurzel *mag* abstammt, bis hin zum volkstümlichen *manducare*, ebenfalls «essen», das ursprünglich «kneten» und «formen» bedeutete. Solche Verbindungen sollten nicht verwundern, gibt es doch auf dem Gebiet der Nahrung noch ganz andere, erstaunliche semantische Bezüge, wie beispielsweise den Begriff Pizza (griech. *pitta*), das vom Griechischen *plax*, «platte Fläche» abstammt und verwandt ist mit dem lateinischen *placenta*, dem griechischen *plakous*, den slawischen *Palat-*

schinken. Die metaphorische Bedeutung entstammt offenbar der symbolischen Sphäre des Backens. Das Kind wird von der Mutter in der Plazenta in ihrem Leib gebacken – das deutsche «Mutterkuchen» sagt es in aller Deutlichkeit.[4] Das Kochen als Übergang vom Weichen zum Festen oder umgekehrt, vom Festen zum Weichen, erweist sich als fundamentaler Vorgang zur Erschließung der Welt – unverzichtbares Charakteristikum allen Philosophierens.

Vom pluralistischen Standpunkt aus betrachtet, präsentiert sich der Inhalt mancher Gerichte vorwiegend in ihrer Individualität und Autonomie: Zum Beispiel ein Steak, eine Scheibe Lachs, ein grüner Salat. Andererseits ist da aber auch der gemischte Salat oder der Obstsalat – und es ist kein Zufall, dass man sie heutzutage gern mit multiethnischen Ansätzen in Verbindung bringt, wo die Unterschiede respektiert werden, anders als in dem abgedroschenen Begriff vom *Melting Pot* (ein Tiegel zum Schmelzen von Metallen), in dem die einzelnen Elemente eingeschmolzen werden und die Individualitäten untergehen. Besser, ein pluralistischer bunter Salat, in dem Blätter von grünem Salat und Radieschenscheiben, Pilze, vielleicht Artischocken, Paprika und ein paar Maiskörner ihre jeweilige Farbe und ihr Aroma bewahren.

Bei Kutteln dagegen oder beim Eisbein, bei der Gemüsecremesuppe oder beim Zucchiniomelett treten die Elemente des Vielfältigen in einer monistischen Perspektive zusammen und tauschen in stofflicher Synthese Geschmack und Aromen miteinander aus.[5] Fleisch, Eier und Gemüse bilden hier eine Einheit, Unterschiede werden in diesen Fällen zur Identität. Die einzelnen Zutaten verwandeln sich in eine einzige, homogene Gemüsecremesuppe, und die Gäste werden zur Gemeinde, weil sie alle dasselbe materielle und spirituelle Brot teilen. Wie in jener mystisch-alchemistischen Symbiose, die ich manchmal auf Philosophiekongressen erfahren habe, wenn man besonders intensiv zusammengearbeitet hat: Gegen Ende der Tagung kommt dann ein Gefühl der Verbundenheit mit allen anderen Teilnehmern auf und man meint, ihre Sprache zu verstehen, wie nach Herabkunft des Heiligen Geistes auf die Jünger, man hat den Eindruck, alle zusammen bilden einen einzigen, denkenden Kopf, so hoch ist der Grad an Homogenität und Verschmelzung in der gemeinsamen Gedankenbewegung.

Verdauung und Assimilation

Auf ihrem Kongress machen unsere Philosophen die Erfahrung der Assimilation von Ideen und Begriffen. Zuvor mussten sie die allerdings verdauen, oder genauer, sie mussten sie sich mittels bestimmter Verfahren aneignen und ihrer eigenen Substanz einverleiben. Eine kleine Hilfestellung zum Verständnis des Schrittes von der wörtlichen zur übertragenen Bedeutung des Verdauens bietet uns nun aber überraschenderweise die Jurisprudenz.

Hier stoßen wir nämlich auf den Begriff der *Digesten* (oder auch *Pandekten*), womit bekanntlich ein Auszug aus dem *Corpus juris civilis* bezeichnet wird, die berühmte Gesetzessammlung, die Kaiser Justinian im 6. Jahrhundert n. Chr. aus dem römischen Recht zusammengestellt hat. Der Begriff *Pandekten* kommt vom griechischen *pandéktes* (von *pan-deíknumi* = alles anzeigen), und das sind die Bücher, in denen das gesamte antike Recht bewahrt wird.

Pandekten ist also ein juristischer Terminus, zugleich aber auch ein Begriff aus der Gastronomie: Apicius, der berühmteste und ausschweifendste Koch der römischen Antike – «ein Apicius» hieß zu seiner Zeit so viel wie «ein Koch» – gebraucht ihn in seinem kulinarischen Traktat, um eine Reihe verschiedener Gerichte zu bezeichnen, die nicht unter die gängigen Kategorien (wie Vorspeise, Wild, Dessert...) fallen.[6]

Noch aufschlussreicher ist die lateinische Bezeichnung für die Kommentare zum Zivilrecht: *Digesten*. Ein Begriff, der im Englischen im Übrigen auch heute noch einen Auszug, eine Zusammenfassung oder eine Auswahl aus einem Text bezeichnet *(Reader's Digest)*. Dieser scheinbar harmlose Begriff bedeutet einmal, in geordneter Weise verteilen, nach vorherigem Zergliedern zu einer Ordnung zusammenfügen; sodann schließt er eine medizinische Bedeutung ein, wonach die eingenommene Nahrung verschluckt und zerteilt wird, gelöst und verdaut; schließlich die philosophische Bedeutung, wonach die Materie klassifiziert und gemäß einer Ordnung gegliedert werden muss. Die Verdauung der Nahrung wie das Verdauen von Begriffen ist ein *actus separandi, dissolvendi, dividendi*, gefolgt von einem *actus ordinandi et distribuendi*.

Appetit und Reflexion bewegen sich, auch in der Bearbeitung ihres jeweiligen Materials, parallel zueinander, obwohl Platon versucht hatte, die größtmögliche Distanz zwischen beide zu legen, eben damit man sie als entgegengesetzt erkennen sollte. In der Tat verlegte Platon im *Timaios* den Teil der Seele, «welcher nach Speise und Trank begehrt und nach allem, was ihm die Natur des Leibes zum Bedürfnis macht» an einen Ort «so entfernt als möglich von dem beratenden Teil der Seele», nämlich zwischen Zwerchfell und Nabelgegend.[7]

Aber noch einmal – und Platon zum Trotz – macht die Sprache deutlich, dass Worte Nahrung sind, sogar im Hinblick auf die inneren Vorgänge von Verstehen/Verdauung. Oder ist das nur eine Illusion, hervorgerufen durch die Symbolik des Mundes als Werkzeug der Aneignung und Inbesitznahme?

Eine Illusion, der einige Philosophen im Hinblick auf das Verständnis von Wirklichkeit erliegen, da sie sich einbilden,

Erkennen sei wie Essen, es bedeute, die Dinge zu erfassen und sie sich gedankenlos einzuverleiben, wie die Tiere, in einer klaren frontalen Gegenüberstellung zwischen erkennendem Subjekt und erkanntem Objekt. Eine Haltung, die der französische Existenzphilosoph Jean Paul Sartre vehement kritisierte, und für die er den Begriff der «Nahrungsphilosophie» prägte.

Sartres Bannstrahl richtete sich dabei vor allem gegen einige französische Philosophen, Brunschvicg, Lalande und Meyerson, die alle glauben ließen

> ... der Geist locke spinnengleich die Dinge in sein Netz, überziehe sie mit weißem Geifer und verschlinge sie langsam, indem er sie seiner eigenen Substanz angleiche... O Nahrungsphilosophie!... Nahrungsaufnahme und Assimilation. Assimilation, wie Lalande es ausdrückte. Zwischen Dingen und Ideen, zwischen Ideen unter sich und Geistern unter sich.

Angesichts der Nahrungsphilosophie, die seiner Ansicht nach die Wirklichkeit verschlingt, sie in einem uniformierenden Erkenntnisakt assimiliert und trivialisiert und damit ihrer eigenständigen Realität beraubt, verspürte Sartre den Impuls, sich auf die Suche nach einer unmittelbaren Beziehung zum Sein zu begeben. Den absoluten Kontakt, den Sartre anstrebte, bot ihm als Alternative die Phänomenologie Edmund Husserls, die im höchsten Maße antidigestiv ist. Erkennen heißt für Husserl, in der Lesart Sartres, «sich aus der feuchten Intimität des Magens losreißen», aus der dunklen Höhle der Mägen derjenigen, die Erkenntnis als Assimilation verstehen, und die Dinge in der Helligkeit eines Blitzes zu sehen, im Freien, außerhalb des Bewusstseins.[8]

Über Sartres Essgewohnheiten weiß ich, nebenbei gesagt, wenig.[9] Ich stelle mir allerdings vor, dass jemand, der so schreibt wie er, kein gutes Verhältnis zum Essen haben kann; vielleicht liegt das darin begründet, dass er als Bohemien lebte und immer auswärts aß – er aß mindestens einmal täglich im Restaurant –, vielleicht aber auch, weil Simone de Beauvoir in der Küche nicht so geschickt war wie Hannah Arendt, die sich freilich darüber beklagte, dass, wenn sie Leute zum Essen einlud, alle ihre philosophischen Werke lobten und über diese reden wollten und niemand sich bemüßigt fühlte, das Essen zu erwähnen, auf das sie so viel Mühe verwandt hatte.

Unter den Ernährungsphilosophien, die Erkenntnis mit Einverleibung und Assimilation gleichsetzen, sticht schon allein durch die begriffliche Nähe zur Terminologie der Verdauung der Idealismus Hegels hervor. Remo Bodei begründet das in seiner Analyse des «unbewussten Verstehens der Verdauung» bei Hegel mit dem großen Interesse des Jenenser Philosophen an der Physiologie und am Vorgang der Verdauung selbst: Von Spallanzani und von der modernen Physiologie soll Hegel über den Verdauungsvorgang erfahren haben, dass der Organismus *unmittelbar*, das heißt in seiner Eigenschaft als *universale* Potenz, die verschluckte Nahrung aufnimmt, deren «relativ» anorganische Natur «negiert» und sie als identisch mit sich selbst setzt, sie *assimiliert*. Analog zum Prozess der Unterwerfung der Natur durch den Menschen bedeutet die Assimilation durch Verdauung, dass die Objekte zum Besitz des Subjekts werden. So wie Essen und Trinken für Hegel unbewusstes Verstehen der Dinge ist, betont Bodei, besteht Kultur für den Menschen in der Annahme der eigenen Natur, die mit eben diesem unbewussten Mechanismus ausgestattet ist.[10]

Ohne die Bedeutung der wissenschaftlichen Interessen Hegels leugnen zu wollen, möchte ich doch darauf hinweisen, dass die Verwendung von Ernährungsmetaphern auf dem Gebiet des geistigen Lebens so weit verbreitet und gewichtig ist, dass die Frage, aus welcher Quelle dieser Vergleich nun geschöpft wird – in diesem Fall die Physiologie der Verdauung – zweitrangig ist.

Genuss und Verdauung eines literarischen Textes, eines philosophischen Traktats, eines Musikstücks betonen – ungeachtet aller Sartreschen Kritik – das Positive einer umfassenden Beziehung zum genossenen Objekt, die nicht nur oberflächlich und bloßer Konsum ist und nicht notwendig ein zerstreutes Subjekt zur Voraussetzung hat. Die Beziehung von Genuss und Verdauung, von Aneignung und Assimilation mit einem Wort, lässt eine fast mystische Beziehung zu den Dingen erkennen, die auch für Nicht-Gläubige an den Worten der Eucharistie sinnfällig wird: «Wer von meinem Fleisch isst und von meinem Blut trinkt, bleibt in mir und ich in ihm.» Denn was wir wirklich in uns aufgenommen und nicht nur oberflächlich konsumiert haben, wird zum «Schrittmacher für das Wachstum und die wesensmäßige Differenzierung der Identität».[11]

Fünftes Kapitel

DIE PHILOSOPHISCHE KOST

Piero della Francesca, *Sacra Conversazione* (1472–74),
Mailand, Pinacoteca di Brera

Das Gastmahl von Athen

Stellen wir uns vor, wir stehen vor dem Wandgemälde *Die Schule von Athen* von Raffael und betrachten die antiken griechischen Philosophen, die hier alle in einer raum-zeitlichen Dimension versammelt sind und sich mit verschiedenen Dingen beschäftigen: Euklid zeichnet auf einer am Boden liegenden Tafel vor einer Gruppe staunender Schüler eine geometrischen Figur; Pythagoras auf der anderen Seite des Freskos schreibt, ebenfalls von interessierten Augen beobachtet, in ein großes Buch, während ein Junge vor ihm eine Tafel hält; Platon (der mit einem Finger zum Himmel weist) und Aristoteles (der hingegen mit der offenen Hand nach unten auf die Erde deutet) schreiten gemeinsam aus dem Hintergrund der Szene nach vorne, wie zwei Soubretten, zwar sprechen sie miteinander, ihr Blick aber ist eindeutig auf das Publikum gerichtet, wohl wissend, dass sie die Hauptpersonen sind; im Vordergrund liegt, auf den Stufen ausgestreckt, Diogenes und bekundet damit sein erhabenes Desinteresse an den materiellen Dingen, halb nackt und in die Lektüre eines Blattes vertieft, das er weit von sich hält, als ob er weitsichtig wäre; Sokrates, den man an der platten Nase erkennt, redet auf eine kleine Menge ein usw.

Verändern wir nun diese Szenerie im Geist und lassen wir mithilfe der Phantasie vor unserem inneren Auge eine Szene im Freien entstehen, wo die griechischen Philosophen mit Essen beschäftigt sind, einen kleinen Imbiss zu sich nehmen oder sich vielleicht sogar selbst das Essen zubereiten. Beim Skizzieren dieser Szene soll uns Diogenes Laertius behilflich sein, der griechische Gelehrte aus dem 3. Jahrhundert nach Christus und Verfasser einer kostbaren Sammlung biographischer Materialien zum Leben der Philosophen, von den sieben Weisen bis zu den Skeptikern des 2. Jahrhunderts unserer Zeitrechnung.[1]

Aristipp von Kyrene, ein – zumindest in punkto Ernährung – entarteter Schüler des Sokrates, sitzt an einer reich gedeckten Tafel, umringt von schönen Frauen, und gibt sich dem Genuss von raffinierten Speisen hin. Sein Meister Sokrates in der Ferne beachtet ihn nicht. Er sitzt im Schatten einer Platane oder eines Keuschbaums und genießt sichtlich die Kühle des Schattens, den intensiven Duft der Blumen, die Frische des Quellwassers, das ihm die Füße benetzt, und den ästhetisch wunderbaren Anblick der Pflanzenwelt um ihn herum. Das Essen interessiert ihn kaum. Er behauptete, «dass die Menschen sonst leben müssen, um zu essen, er hingegen esse um zu leben»; «ja, am genussvollsten aß er, wenn er nicht das Bedürfnis nach Leckerbissen verspürte und am wenigsten auf einen noch zu erwartenden Trank rechnete.»

Dann sitzt der Philosoph und Mathematiker Pythagoras, geölt, gesalbt und ganz in Weiß gekleidet, und isst im rechten Maß, an einem Tisch, dessen Seiten im Verhältnis des Goldenen Schnitts zueinander stehen. Er sinnt darüber nach, was vorzuziehen sei, Fleischkost oder vegetarische Kost: Das Wichtige ist jedenfalls, predigt er den Umstehenden, «niemand dürfe das rechte Maß überschreiten weder in Getränken noch in Speisen». Auf seinem Tisch sehen wir rohes und gekochtes Gemüse, Salz (das ihn unter anderem an die Gerechtigkeit erinnern soll, die alles konserviert, woran sie gewendet wurde), Brot, klares Wasser (weil Tag ist; am Abend würde er sich auch etwas Wein gönnen). Von seiner Tafel sind jedenfalls strikt verbannt «Meerbarben und Scharfschwänze, das Herz von Tieren und Bohnen», und enthalten solle man sich «der Gebärmutter und der Seebarbe mitunter».

Auf einem Berg im Hintergrund unseres Gemäldes steigt ein Mann aus dem Wasser eines Flüsschens, und er sieht aus, als ob er vorhabe, ein Experiment zu machen. Er kaut Kräuter und rohes Gemüse, von denen er sich in seinem Eremitenleben ernährt: Es ist Heraklit, einsam und zornig. Platon hingegen, in der Mitte des Bildes mit langem Bart und breiten Schultern, verschlingt getrocknete Feigen und Oliven und erzählt seinen Freunden, auch auf seiner abenteuerlichen Reise nach Sizilien sei das seine Nahrung gewesen. Er blickt nach links zu Aristoteles, der inmitten einer umfangreichen Sammlung von Gefäßen sitzt.

Dann ist da Zenon von Kition, der am Boden ausgestreckt in der Sonne liegt, neben sich einen Teller mit grünen Feigen, von denen er ab und zu eine in den Mund steckt und verspeist, dazu Brot, Honig und einen Krug Wein. Am Rand der Szene sieht man einige Philosophen, die sich ihr Essen besorgen oder zubereiten. Stilpon, der mit einem großen Fisch unter dem Arm vom Markt zurückkehrt, und Kleanthes, der bei der Mehlverkäuferin das Mehl knetet, um sich sein Brot zu backen. Dabei unterhält er sich mit der Frau und erzählt ihr, dass er gewöhnlich nicht nur das Wasser am Brunnen schöpfen gehe, sondern auch umgrabe und die Pflanzen bewässere, und alles «der Philosophie wegen».

In einer Ecke des Gemäldes ist eine merkwürdige Szene zu sehen: Ein Mann mit völlig versunkenem Gesichtsausdruck sitzt am Boden und wird von einer jungen Frau gefüttert, die ihm den Löffel zum Mund führt wie bei einem Baby: Das sind der Skeptiker Karneades (wer war das noch?) und seine Gefährtin Melissa, die ihn füttern muss, weil der Philosoph so sehr in seine Gedanken vertieft ist, dass er vergisst, das Besteck zum Mund zu führen.[2] Neben ihnen steht ein Koch, das Messer am Schürzenband hängend, den Zeigefinger auf den Mund gelegt, und betrachtet die Szene voller Verwunderung. Hatte man ihn in der Kochschule nicht gelehrt, Philosophen seien «maßlos verfressene Tiere»?[3] Vielleicht hatte man ihn ja belogen oder der Spruch galt nur für einige von ihnen…

Unweit davon, in einem hübschen Garten, erblickt der

Koch Epikur im Kreis seiner Schüler, wie er sich an einem Töpfchen Käse labt. Ob er vielleicht das «verfressene Tier» ist? Dabei gibt es einige, die behaupten, er habe sich mit einfachem Brot und Wasser begnügt!

Auf dem Marktplatz dagegen sehen wir die zynischen Philosophen, provokant, ohne Rücksicht auf die Passanten sitzen oder liegen sie herum und scheren sich weder um feste Essenszeiten noch darum, sie an den dafür vorgesehenen Orten einzunehmen, jeder in den einen Mantel gehüllt, der für alle Gelegenheiten gut sein muss, langes, wirres Haar und ungepflegte Bärte. Metrokles wäscht gerade Kräuter, einen Bund Kerbel, während Diogenes gleich neben ihm in ein Stück Brot beißt, in dessen Höhlung eine Handvoll Linsen steckt. So verzehrt er, sehr ökologisch, das Gericht und den Teller gleichzeitig, wie die jungen Leute, die bei McDonalds nach den Pommes Frites mit Ketchup oder Mayonnaise auch das Schälchen mitessen, worin sie serviert wurden. Mit einer Handbewegung weist Diogenes die Umstehenden auf andere Lebensmittel hin, die er neben sich stehen hat: Bohnen, getrocknete Feigen, Oliven. Er erklärt gerade: «Im Brote seien Fleischteile und im Kohl Brotteile», weil «streng genommen alles in allem enthalten sei und durch alles hindurchgehe.» Eine der Versionen über den Tod des Diogenes besagt, dass er Cholera bekam, nachdem er einen rohen Polypen verspeist hatte. Hoffen wir, dass der nicht obendrein auch lebendig war, wie der arme Polyp des Achille Campanile, der sich in der Badewanne versteckte, um den Nachstellungen eines ebenso sparsamen wie sadistischen Kellners zu entgehen.

An einer Säule lehnt, blass, schaudernd und von kaltem Schweiß bedeckt, Menedemos, von Brechreiz gewürgt. Zusammen mit Asklepiades hat er eben verdorbenes Fleisch gegessen, aber solange er es nicht wusste, ging es ihm gut. Erst als er es erfuhr, packte ihn der Ekel, denn nicht das Essen hatte seinen Abscheu erregt, sondern die erklärenden Worte. Es ist die Beziehung zwischen dem Wort und dem Verzehrten, die das Bewusstsein schafft, etwas Verdorbenes gegessen zu haben, wodurch zugleich die organische Störung erzeugt wird. Asklepiades steht mit erhobenem Zeigefinger neben ihm und hält ihm vor, dass ja gar «nicht das Fleisch ihn belästige, sondern sein Vorurteil darüber».[4]

Damit führt Menedemos uns deutlicher als die anderen Teilnehmer am Gastmahl von Athen die Beziehung zwischen Essen, Worten und Philosophie vor. Er tut das auch, wenn er erklärt, die Nachspeise seines bescheidenen Mahls «bestünde aus Reden». Im Übrigen ist es ja auch heute noch so, dass die Festredner bei offiziellen Anlässen ihre Ansprache gegen Ende des Mahls halten, wenn Essen und Trinken die Zungen gelockert haben und die letzten Gänge aufgetragen werden, in der Hoffnung, dass ihre Worte, wie die der griechischen Göttin der Überredung, Peitho, so süß sein mögen wie Honig.

Auf einem Berg im Hintergrund schließlich, auf der anderen Seite des einsamen Heraklit, sieht man einen Bären, der seine linke Tatze frisst (Abb.4). Das ist die Philosophie, personifiziert dargestellt in der Gestalt dieses Sohlengängers. Sie nährt sich von sich selbst (*ipse alimenta sibi*, lautet die Inschrift auf dem Spruchband darüber), sie braucht keine Nahrung von außen, weder von der Kunst noch von der Wissenschaft, sondern sie lebt in der Selbstgenügsamkeit der Autophagie.[5]

Die philosophische Diät

Die Philosophen beschränken sich nicht aufs Essen: Als Philosophen – Menschen mithin, deren Geschäft es ist, über die Dinge nachzudenken und ihnen auf den Grund zu gehen–, denken sie auch über das nach, was sie essen. Und manchmal, wenn sie die beiden Tätigkeiten des Essens und des Philosophierens in Verbindung bringen, stellen sie Überlegungen zur «philosophischen Ernährungsweise» an und geben diesbezügliche Empfehlungen.

Und wie soll nun eine korrekte und ausgewogene philosophische Ernährung aussehen? In diesem Punkt sind sich alle Philosophen, sonst eher polemische Naturen und häufig untereinander verstritten, ausnahmslos einig: Maß halten, Maß halten und noch einmal Maß halten. Die philosophische Diät muss karg sein und sollte auf dem Prinzip des rechten Maßes beruhen.

In der *Rhetorik* des Aristoteles fragt jemand einen Bäcker, ob er den Teig eher hart oder weich knete. «'Was denn?', entgegnete der. ‚Ist es unmöglich, ihn in der rechten Weise zu kneten?'» Die Anekdote veranschaulicht, wie die Argumentation voranschreiten soll: Nicht zu schnell, denn dann hätte der Teig keine Zeit, sich zu «setzen», und auch nicht zu sehr in die Länge gezogen wie ein zu dünn ausgezogener Blätterteig, der zerbröselt; das Passende und Richtige ist weder im Schnellen noch im Langsamen zu finden, sondern im rechten Maß.[6]

Diesen Gedanken greift Kierkegaard in den *Philosophischen Brosamen* wieder auf. Hier ist schon der Titel eine Nahrungsmetapher, außer einer Anspielung auf das Gleichnis bei Matthäus 15,27: «Selbst die Hunde bekommen von den Brosamen, die vom Tisch ihrer Herren fallen», wobei die Brosamen hier die göttlichen Glaubensdinge sind.

Der dänische Philosoph, der häufig Nahrungsmetaphern verwendet, möchte sich beim Denken frei fühlen von den Erwartungen und Zwängen seiner Epoche, von Schemata und Argumentationsmustern: Er denkt gern so lange nach, bis das Brot seiner Gedanken fertig gebacken und so gut ist wie das des Bäckers bei Aristoteles:

> Ich käue meine Gedanken so lange wieder – behauptet Kierkegaard von seiner philosophischen Arbeit – bis nach meinem Dafürhalten das Gericht fertig ist.

Die philosophische Diät soll also mit Maß befolgt werden, sowohl im Bereich der Ethik als auch auf dem Gebiet der Erkenntnis. Die ethische Diät Kierkegaards empfiehlt natürlich, mit dem Bösen zu geizen, aber auch mit den außergewöhnlichen Ereignissen in der Zeit:

> Wie ein edler Grieche gesagt hat, dass man im Bösen fasten solle *(nesteúein kakótetos)*, so gilt es von der wahren ethischen Auffassung des Ethischen, dass sie fastend und nüchtern ist; es gilt, dass man sich nicht gelüsten lässt, welthistorisch zum Gastmahl zu gehen und sich im Erstaunlichen zu berauschen. Aber diese Enthaltsamkeit ist wieder, ethisch verstanden, der himmlische Genuss und die herzensstärkende Erquickung der Ewigkeit.

Die ethische Diät wird in der christlichen und in der griechischen Welt in recht unterschiedlicher Weise aufgefasst:

> Das Verhältnis zwischen diesen beiden großen Anschauungen ist ungefähr das folgende. Die eine sagt, man solle sich ungesunder Speisen enthalten, die Lust beherrschen, so werde die Gesundheit sich entfalten; die andre sagt, man solle Essen und Trinken unterlassen, so dürfte man schon die Hoffnung hegen, allgemach zu Nichts zu werden.

Welche Verhaltensregel man nun befolgen möchte, ob Disziplin und Regelmäßigkeit auf der einen Seite oder totales Fasten auf der anderen, ist dem Ermessen des Einzelnen anheim gestellt. Man beachte jedoch, dass die Alternative nur Mäßigung oder Enthaltung lauten kann: Völlerei ist ausgeschlossen, auch weil sie unangenehme Konsequenzen zeitigen könnte. Wie die Fabel von der Familie erzählt, die ein Picknick auf dem Lande macht

> ein Huhn auf den Tisch stellt, und es wird für die wenigen reichlich genug; ist dann diese Mahlzeit nicht üppig im Vergleich mit

> jenem großen Mahl, bei dem freilich ein Ochse aufgetragen wurde, wo aber der Teilnehmer so viele waren, dass auf jeden einzelnen kaum eine Mundvoll kam.

Ein kurzer Satz, will Kierkegaard sagen, kann überaus tröstlich sein, viel mehr als die tönenden Sätze, die der berühmte Redner ins Publikum schleudert, als ob er ihm Stücke gebratenen Fleisches vorwerfen würde. Wie viel süßer und nahrhafter ist da doch das Huhn/Trostworte beim familiären Picknick auf der Wiese!

Noch detaillierter und präziser als die Vorschriften für die ethische Diät sind die für die Erkenntnisdiät: Kierkegaard bemerkt, dass seine Zeit das Pech gehabt habe, sich ein Übermaß an Wissen einzuverleiben, und das Ergebnis davon sei, dass man den Sinn fürs Dasein verloren und vergessen habe, was Innerlichkeit bedeutet. Viel heilsamer seien da Sparsamkeit und Mäßigung, auch weil es in einigen Fällen zuträglicher sein kann, jemandem intellektuelle Nahrung vorzuenthalten, als ihm noch mehr davon zu verabreichen:

> Wenn ein Mann den Mund so voll Essen hat, dass es aus dem Grunde nicht zum Essen kommen kann und es damit enden muss, dass er Hungers stirbt, besteht dann das Ihm-Speise-Bringen darin, dass man ihm den Mund noch voller stopft, oder nicht vielmehr darin, dass man dafür sorgt, etwas davon zu entfernen, damit er dazu kommen kann zu essen? Und so auch, wenn ein Mann ein Vielwissender ist, aber sein Wissen keine oder so gut wie keine Bedeutung für ihn hat: besteht dann eine vernünftige Mitteilung darin, ihm mehr Wissen zu verschaffen, selbst wenn er mit lauter Stimme verkündigt, dass es das ist, was er braucht, oder besteht sie nicht vielmehr darin, ihm etwas wegzunehmen?

Sogar was die Anhäufung von Erinnerungen betrifft, sollte man eine maßvolle, aber nicht übertrieben strenge Diät beachten; wenn es stimmt, dass die ewige Erinnerung in Wahnsinn und Tod führen kann, «wissen wir doch auch sehr wohl, dass ein Mensch bei Brot und Wasser nicht lange durchhalten kann.» Ein Arzt könnte jedoch für ihn eine Diät zusammenstellen, «die gerade zum Überleben ausreichend ist». Diese Diät würde ein Minimum an lebensnotwendigem Vergessen vorschreiben, sie würde eine Art Überlebenstraining sein, das ihn für das Leben abhärtet.[7]

Kierkegaard war gedanklich sehr in der Nahrungsmetaphorik befangen, so dass er Vorworte schrieb, um «eine Kostprobe seines Produkts zu geben, wenn nicht einen Nachgeschmack»; ich weiß allerdings nicht, ob er Kants *Diätetik des Denkens* kannte, aber ich bin überzeugt, selbst wenn er sie gekannt hätte, wäre er nicht damit einverstanden gewesen, weil Kant weniger Abstinenz empfahl als geschmackliche Vielfalt, wie vor ihm auch schon, freilich mit völlig anderen Absichten, John Locke in seiner Gaumenphilosophie, auf die wir in Kürze zu sprechen kommen.

In einem Aphorismus aus den Jahren 1783–84 empfahl Kant, im Fall geistiger Übersättigung, Abwechslung in die geistige Kost zu bringen:

> Es ist eine Regel der Diät im Essen und Trinken, dass man den Wink der Natur in Ansehung des Appetits nicht geringachten solle und zu speisen aufhören, wenn man nach einer kleinen Pause merkt, dass sie nichts mehr bedürfe oder sich gar weigere. Bei Geistesarbeiten ist es ebenso bewandt. Der Kopf weigert sich, in gewisser Art Arbeiten fortzufahren, aber erlaubt es wohl, ihn mit einer anderen Art zu beschäftigen. Hierauf zu merken ist ein Stück der Diaetetic des Denkens.[8]

Wir wissen bereits, dass auf Kants Speisezettel immer Senf stand (auf meinem auch, weil Kinder und Erwachsene ihn lieben und weil er biblische Bezüge hat, vor allem der Rotissiersenf mit ganzen Körnern). Kant würzte sämtliche Speisen mit Senf, um sie schmackhafter zu machen, wie er die Unterhaltung mit seinen Tischgenossen stets mit scharfen und pikanten Bemerkungen zu würzen pflegte. Unwillkürlich muss man daran denken, dass er, hätte er seine Überlegungen nur etwas mehr würzen wollen, um sie dem Geschmack des Publikums besser anzupassen, damit gegen die Regeln der praktischen Vernunft und des kategorischen Imperativs verstoßen hätte: Handle nur aus Pflichtgefühl – und sollte versehentlich doch etwas Vergnügen und Interesse mit im Spiel gewesen sein, wären Moralität der Intention und der Tat dadurch beeinträchtigt.

Wir kommen auf diesen Fall noch einmal im Zusammenhang mit Kants Einstellung zum Kaffee zurück. Locke hatte jedenfalls keine Bedenken dieser Art, er ist ganz darauf konzentriert, dem Leser seine Gedanken möglichst schmackhaft zu machen, damit sie ihm ja recht munden, und einige «hastige und schlecht verdaute Gedanken» abzuändern, die die erste Einleitung zu seinem Text gebildet hatten.

Lockes Diät ist individuell und richtet sich nach dem Geschmack des Einzelnen. Im *Brief an den Leser*, der dem *Versuch über den menschlichen Verstand* (1690) vorangestellt ist, zeigt Locke, dass er sich über die Unterschiedlichkeit der Prinzipien, Begriffe und des Geschmacks unter den Menschen sehr wohl im Klaren ist; nicht nur das, er ist sich auch bewusst, dass dunkle Ausdrücke klar werden, wenn man sie in anderen Worten und Bildern darstellt, da nicht jede Sache die Vorstellungskraft aller Menschen im gleichen Maße anspricht:

> Der Verstand der Menschen ist ebenso verschiedenartig wie ihr Gaumen, und wer meint, die gleiche Wahrheit werde in dem gleichen Kleide jedem gefallen, darf ebensogut hoffen, jeden mit der gleichen Kochkunst befriedigen zu können; die Speise mag dieselbe, ihr Nährwert groß sein, und doch ist vielleicht nicht jeder imstande, sie, mit einer bestimmten Würze zubereitet, wohlschmeckend zu finden, so daß sie anders zubereitet sein muß, wenn sie für gewisse Leute, selbst für solche mit einem gesunden Magen, bekömmlich sein soll.[9]

Lockes Bereitwilligkeit, seine Diät dem Geschmack des Lesers anzupassen einerseits, andererseits die Strenge des Kantschen kategorischen Imperativs, der für die Lust überhaupt keinen Raum lässt, führen uns auf ein Problem, das glaube ich jeder Köchin und jedem Koch im Haushalt zu schaffen macht: Wie lässt sich eine ausgewogene und auf korrekten ernährungswissenschaftlichen Prinzipien aufbauende Diät (Abwechslung in der Speisenfolge, Verwendung von Naturprodukten, ausgewogenes Verhältnis zwischen Kohlehydraten, Zucker, Proteinen und Vitaminen) vereinbaren mit den Vorlieben der Kinder und Heranwachsenden (wobei *a priori* vorausgesetzt ist, dass Erwachsene mehr oder weniger Allesfresser sind), die im Allgemeinen zu Pommes Frites, Pizza, Coca Cola und Spaghetti mit Tomatensauce neigen? «In diesem Haus gibt es nie Pasta», urteilt meine Tochter Teresa, wenn sie aus der Schule nach Hause kommt und kein Nudelgericht auf dem Tisch sieht. «Aber ich koch doch fast jeden Tag einmal welche!», antworte ich, und sie erwidert in etwa: «Zweimal am Tag wär besser.»

Ich habe nicht die Absicht, das, wenngleich brennend interessante Problem der Vorliebe der Heranwachsenden für «weich-süße» Speisen wie McDonald-Produkte zu erörtern, die immer gleich sind und damit das Bedürfnis der jungen Leute nach Gleichförmigkeit *(sameness)* befriedigen.[10] Ich möchte lieber auf die Beziehung zwischen der (Kantschen) Pflicht und der (Lockeschen) Lust eingehen, und zwar mit einem pragmatischen Lösungsvorschlag, der mir dem gesunden Menschenverstand zu entsprechen scheint. Man muss wohl versuchen, es allen ein wenig recht zu machen, indem man in der Speisenfolge (erster Gang, zweiter Gang, Beilage, fallweise Dessert, Vorspeise gibt es nur an Weihnachten) oder in der Zusammensetzung des einzelnen Gerichts (Frikassee mit Erbsen und Kartoffelpüree), wenigstens einige Elemente anbietet, die mit Sicherheit alle mögen (so wird Teresa, die Pasta mag, aber kein Fleisch, auf ihrem Teller ganz wenig Frikassee vorfinden, dafür viel Sauce, viele Erbsen und einen großen Löffel voll Püree). Oder, um Konflikte bei Tisch zu vermeiden, das Gericht, das eines der Kinder am wenigsten mag, gezielt an dem Tag auf den Speiseplan setzen, an dem der oder die Betreffende in der Schule isst.

Eine Ermunterung zur selbständigen Gestaltung der intellektuellen Diät kommt von dem englischen Dichter John Milton. Man beachte jedoch, dass die Empfehlung, nach dem eigenen Geschmack zu verfahren, ausdrücklich nur an den *reifen* Menschen gerichtet ist; vermutlich dachte Milton, dass es sich im Hinblick auf die Ernährung Minderjähriger nicht empfiehlt, die Wahl der physischen oder geistigen Nahrung ihrem eigenen Ermessen zu überlassen, wollte man nicht zurückkehren unter das Regime von weich-süßen Speisen oder zu Schulwochen, bestehend aus drei Sonntagen und vier Donnerstagen. So schreibt Milton in der *Areopagitica* (1644):

> Ich bin deshalb der Ansicht, dass Gott, als er dem Menschen – mit alleiniger Ausnahme des Gebots der Mäßigung – die Speisung seines Leibes insgesamt freistellte, damit zugleich die Speisung und Stärkung des Geistes in unser freies Ermessen gab als etwas, dem jeder reife Mensch Kraft seines eigenen Verstandes selbst das Maß zu setzen hätte.

Vorausgesetzt, dass das Maß gewahrt bleibt – wie üblich –, lässt Milton im Übrigen bei der Auswahl unter den spirituellen Speisen, die den Geist nähren sollen, vollkommene Freiheit walten.[11]

Aber läuft Freiheit der Wahl in der philosophischen Diät nicht Gefahr, zu – vom ernährungswissenschaftlichen Standpunkt aus – mageren Ergebnissen zu führen? Das erklärt Ludwig Wittgenstein, mit dem wir, nachdem wir von Kierkegaard zu Locke in der Zeit zurückgeschritten sind, wieder im 20. Jahrhundert landen. Sein Ratschlag lautet, sich der Vielfalt der philosophischen Diät zu überlassen, ohne die das Denken Gefahr läuft, ernstlich krank zu werden:

Die philosophische Kost

> Eine Hauptursache philosophischer Krankheiten – einseitige Diät: man nährt sein Denken mit nur einer Art von Beispielen. [12]

Wenn wir philosophieren – nachdenken über die Sätze der Sprache, wie sonst? –, sollten wir uns allerdings bemühen, die Diät abwechslungsreich zu gestalten – rät der Philosoph aus Cambridge –, indem wir uns verschiedene Beispiele und Situationen vor Augen führen. Nur so wird die Nahrung reichhaltig und stärkend sein.

Seltsamerweise konnte Wittgenstein gut predigen (in der philosophischen Theorie), handelte aber (in der Ernährungspraxis) nicht danach; es sei ihm ziemlich gleichgültig, was er aß, sagte er, «wenn es nur immer das gleiche wäre» (sic).[13]

Sechstes Kapitel

DER APPETIT DER PHILOSOPHEN

Die Legende von Barlaam und Josaphat.
Mailand, Biblioteca nazionale Braidense, Ms.membr., sec. XV², c.2r (AC.–XI.37). Aus: *La cucina della biblioteca. Libri e immagini del territorio milanese e lombardo-veneto,* Mailand 1994

Gaumenfreuden und Freuden des Geistes
(Platon, Epikur, Aristoteles)

In meiner kleinen Kritik der kulinarische Vernunft möchte ich nun einige »Fälle« bei bestimmten Autoren untersuchen, in denen philosophisches Denken einerseits, Zubereitung und Verzehr des Essens andererseits miteinander in Beziehung gesetzt werden, mit allem was das zur Folge hat.

Den Reigen eröffnet Epikur, griechischer Philosoph an der Wende vom 4. zum 3. Jahrhundert v. Chr., der seine Schule in Athen in einem Garten eröffnet hatte (vielleicht war es ja auch ein Nutzgarten, wo nicht nur Zierpflanzen, sondern auch Obst, Gemüse und sogar ein paar Weinreben gediehen?). Von seinem Namen leitet sich der Begriff des »Epikureers« her, die Bezeichnung für einen Genießer, einen Menschen, der sich den sinnlichen Freuden des Lebens hingibt – was sehr aufschlussreich ist, nicht so sehr im Hinblick auf das, was Epikur selbst tat und dachte, als vielmehr darauf, was seine Zeitgenossen über ihn dachten. Epikur hatte das Glück (oder Pech), den berühmten Satz zu formulieren: »Anfang und Ende alles Guten ist die Lust des Bauches: Und auch alles Weise und Erlesene bezieht sich auf ihn«, und hat sich damit für über zweiundzwanzig Jahrhunderte den Ruf verdorben![1]

Auch und vor allem, weil er der Kritik der Platoniker verfiel, und Platon konnte, wie wir nun schon wissen, die Kochkunst mit ihrer Freude am Essen und Trinken auf den Tod nicht leiden, ja, er konnte Freuden ganz allgemein nicht ausstehen, selbst die geistigen nicht. Denn sie sind, merkte er an, und das ist das Paradoxe, einander ähnlich. Freude oder Vergnügen entspringen, so erklärt uns der Philosoph, einem Vorgang des Ausfüllens einer Leere, sei es im Körper oder im Geist: Hunger, Durst und ähnliche Wahrnehmungen entspringen einer Leere des Körpers – »ich habe ein Loch im

Magen» –, so wie Unvernunft und Unwissen einer Leere der Seele.[2]

Das Gefühl der Lust oder des Genusses entsteht in dem Moment, da die physische oder geistige Leere gefüllt wird. Aber, so erläutert Platon und stellt damit eine Wertehierarchie zwischen den beiden Elementen auf, wahrhaftigere und wertvollere Erfüllung gewährt doch die geistige Nahrung, die mehr sättigt, weil sie mehr Sein enthält (klingt wie ein Werbespruch...): In der Tat umfasst sie einen Inhalt von höherer Wirklichkeit und hat Teil am unwandelbaren, ewigen und wahren Wesen der Wissenschaft. Auf diese Weise wird der Lehre vom Genuss das Urteil gesprochen, das Epikur nicht ignorieren konnte.[3]

Auch Epikur scheint die Analogie zwischen materieller und geistiger Nahrung als natürlich anzunehmen, wenn er im oben zitierten Satz des Fragments 409 weiter behauptet, dass auch die »weisen Dinge» *(tà sophá)* mit der Lust am Essen zu tun haben, wenn er also mit anderen Worten behauptet, Wissen *(sophía)* sei Geschmack, und Sättigung des Geistes ebenso befriedigend wie Sättigung des Leibes. Sättigung, zu deren Erlangung wohlmeinende Kritiker bereit waren, dem Philosophen einen Schluck Wasser und etwas Brot zu konzedieren (Fragment 602).

Das verhindert nicht, dass der Epikureismus in der Antike verspottet und parodiert wurde, so beispielsweise in einer Komödie des Damoxenos, den *Synthrophoi*, als Lehre von der wollüstigen Gestaltung üppiger und kostspieliger Gelage. Aus dem zweiten Kapitel kennen wir schon den Philosophen und Koch, der sich als Schüler des Epikur ausgibt: Das sei der einzige Weise, dem er je begegnet sei, der das Gute erkannte und es zu kochen und aufzutragen verstand, vielleicht weil er selbst Koch war! Und so stellt sich auch der Koch in der Komödie als Schüler des Epikur vor, freilich nicht als Philosophen-Schüler, sondern als Koch-Schüler *(mágheiros)*. Das

Ganze gerät zu einer einzigen Parodie: Epikur kann Koch-Lehrlinge ausbilden, weil die vielen Gelage, die er gehalten hat, es ihm erlaubt haben, umfangreiche Erfahrungen auf dem Gebiet der Kochkunst zu sammeln, die dann noch ergänzt wurden durch die eigene natürliche Neigung. Und wirklich ist ja nichts wirksamer, als von der Natur verliehene Talente und Fähigkeiten zu fördern und auszubilden. Epikur fiel es daher viel leichter als anderen, ein hervorragender Koch zu werden, wobei seine mit der Kochkunst so eng verwandte Philosophie – wie im Übrigen auch die seines Vorgängers Demokrit – den Geschmack seiner Leser und Zuhörer optimal befriedigen kann.[4]

Mit ziemlicher Sicherheit war Epikur nicht der bulimische Vielfraß, als den seine Zeitgenossen ihn hinstellten, indem sie ihm zügellose Leidenschaft fürs Essen und für den Wein vorwarfen und behaupteten, seine Fresssucht würde ihn zwingen, sich dreimal am Tag zu übergeben. Seine Botschaft lautet vielmehr, dass den Hunger zu stillen für den Weisen die Voraussetzung sei, um im erlangten Frieden des Leibes in vollem Umfang jene heitere Gelassenheit auszukosten, die allein ihm erlaubt, ohne Furcht und Schrecken zu leben.

Epikurs Lehre verteufelte den Genuss nicht, auch nicht den Genuss am Essen, wie auch Aristoteles ihn nicht verteufelte, jedenfalls nicht mehr, nachdem er sich von der platonischen Ideenlehre abgewandt hatte und eine zumindest teilweise Rehabilitation der hedonistischen Lehre unternahm. Das ist durch die Tatsache bezeugt, dass Aristoteles in den *Magna Moralia*, wenn er einen Experten des Genusses positiv darstellen will, wieder einen Koch als Beispiel wählt. Nach der Behauptung, der Genuss biete für sämtliche Tätigkeiten, die aus ihm entspringen, einen starken Antrieb, und wer mit Genuss handle, sei in seinem Tun wesentlich aktiver und produktiver als derjenige, der unter Zwang handele (wer könnte Aristoteles da widersprechen?), meint der Stagirite, Genuss käme nicht nur aus der Wissenschaft und aus den theoretischen Künsten, sondern auch aus den praktischen Künsten, wie es – wieder einmal – das Beispiel des Kochs zeige, der sich in der Zubereitung von Mahlzeiten als professioneller Produzent von Genüssen erweise.[5]

Hunger und Durst der Seele und des Intellekts
(Dante)

Machen wir nun einen Sprung vorwärts durch die Jahrhunderte und wechseln wir den Schauplatz, um einen anderen Fall der Parallelisierung von Erkenntnishunger und körperlichem Hunger zu betrachten: Dante Alighieri.

> Wohlan, ich glaub an Gott den Ewig-Einen,
> der unbewegt die Himmel kann bewegen
> Aus Liebessehnsucht, seiner selbstlos-reinen.

Mit diesen Worten antwortet Dante im Gesang XXIV des *Paradieses* dem Heiligen Petrus, als dieser ihn bittet, sein Glaubensbekenntnis abzulegen. Der Gesang beginnt mit einer Metapher, die der Dichter liebt und die in seinen Texten ziemlich häufig vorkommt: Mit der Metapher vom Gastmahl, an dem die auserwählten Heiligen als Gäste am ewigen Mahl Christi teilnehmen, der sie mit einer Nahrung speist, dass ihr Verlangen für immer erfüllt und befriedigt ist:

> O Bruderschaft, zum großen Mahl erlesen
> Des heiligen Lammes, das so reich euch speiste,
> Dass eurer Sehnsucht ewig ihr genesen!

Im dichterischen Werk Dantes ist die Welt aufgebaut auf der Bewegung der Wesen, die sich irgendwo zwischen der irdischen Trägheit und der erhabenen Ruhe und Reglosigkeit

Gottes aufhalten: Jedes Ding, das sich zwischen diesen entgegengesetzten Polen befindet – der Himmel, die Engel, die Seelen der Sterblichen –, alle werden sie in Bewegung gesetzt von der göttlichen Liebe, die sie anzieht, indem sie ihr Verlangen (ihren »Appetit«) anregt, sich in der reglosen Ewigkeit mit ihr zu wieder zu vereinen. Die beiden Schlüsselwörter sind also »Regung« und »Appetit«. Es ist Appetit im Sinne von Begehren, jedoch in Analogie zum Verlangen nach Essen gedacht, was die Seele zur geistigen Regung antreibt. In der Tat wird die Seele der Menschen getrieben von dem Verlangen, ihren Hunger durch Teilnahme am ewigen Mahl Christi zu stillen. Die Seele verlangt nach geistiger Nahrung, doch nicht aus Gier und auch nicht aus freiem Willen, sondern aus dem inneren Gesetz des Begehrens selbst und der Angemessenheit seiner Befriedigung.

Dieser Parallelismus liegt auch dem gesamten *Gastmahl* zugrunde, das wir im ersten Kapitel schon als Beispiel für »Literatur als Nahrung« erwähnt haben. In der Tat beginnt es mit folgenden Worten:

> Wie der Philosoph zu Beginn der Metaphysik sagt,
> wünschen alle Menschen von Natur aus zu wissen.

Das natürliche Verlangen ist dem Verlangen nach Essen und Trinken verwandt, und die Nahrungsmetapher wird vom Dichter wie selbstverständlich das ganze *Gastmahl* hindurch weiter entwickelt, von dem wir ja schon wissen, dass die einzelnen Gesänge die Speisen bilden und der Kommentar das Brot, das sie verdaulich macht.

Die »Engelsspeise«, die man im *Paradies* isst, wird dort auch den wenigen, aber klugen Lesern der *Göttlichen Komödie* geboten, denjenigen, die schon in ihrer Jugend den Geist auf Erwerb der übernatürlichen Erkenntnis Gottes richteten, welcher erst im Paradies, im Angesicht des Göttlichen selbst, ganz verwirklicht werden kann. Auf Erden ernährt der Mensch sich zwar von Wissen, doch das kann nicht sättigen, weil es seiner Natur nach beschränkt ist.

Unstillbarer Durst nach den göttlichen Quellen quält die Seelen, und es ist dieser Durst, der Dante und Beatrice vom Läuterungsberg zum Himmel emporhebt:

> Der anerschaffene Durst, der nie vergehet
> Nach dem gottförmigen Reich, riss uns nach droben
> So schnell fast, als den Himmelsschwung ihr sehet.

Es handelt sich hier um den Durst/das Verlangen nach Gott, das dem Menschen eingeborene Streben nach Gott, das mit ihm erschaffen wurde, universal und ewig, das er jedoch nicht hoffen kann, im Diesseits jemals völlig zu befriedigen. Was die Seele am meisten begehrt, ist Weisheit in ihrer höchsten und vollkommensten Form, das heißt, Erkenntnis des Wahren:

> Ich seh es: unser Geist ist nur zu speisen,
> Strahl ihm der Wahrheit Licht vom ewigen Gotte,
> Ihm fern kann nirgends Wahres sich erweisen.

Man beachte die doppelte Metaphorik in dieser Terzine: die Wahrheit, die sättigt und die Wahrheit, die erleuchtet (»strahlen»). Wahrheit ist Licht – und literarische Belege zu diesem Thema gibt es mehr als genug[6] –, aber, ergänzt Dante, die Wahrheit ist auch Brot und Speise, worauf wir im Zusammenhang mit den philosophischen Speisen noch genauer eingehen werden. Wahrheit, Licht und Brot sind für den Dichter identisch, wie an der Tatsache deutlich wird, dass sich die Bilder von Licht und Sättigung überlagern und durchdringen, so zum Beispiel, wenn die Seelen des Zweiten Himmels zu Dante sagen:

> Wir sind vom Licht, das alle Himmelsauen
> Durchströmt, entzündet. Sollen wir dir dienen,
> So frage, um dich sättigend zu erbauen.

Für Dante ist das Streben nach Wissen also wie der Hunger eine natürliche Regung, die den Menschen in Bewegung setzt und die wirklich gestillt werden kann nur durch die «Engelsspeise», durch die Speise der göttlichen Wahrheit.[7]

Obwohl Dante nicht im eigentlichen Sinn als Philosoph angesehen werden kann, haben seine Nahrungsmetaphern doch gewiss sehr viel zur Entstehung einer Weltsicht beigetragen, die über lange Zeit Bestand haben sollte.[8] Der Nachdruck, den er auf die Bilder von geistigem Hunger und Durst legt, führt mich auf eine Überlegung zu einer besonderen Eigenschaft von Metaphern, die sich auch in den vorherigen Beispielen schon beobachten ließ. Um das besser zu veranschaulichen, rufen wir uns kurz in Erinnerung, wie Metaphern funktionieren.

Die Metapher, im Sinne Quintillians als *similitudo brevis*, also als abgekürzter Vergleich verstanden, zeigt an, dass in dem Satz, in dem sie steht, eine Verschiebung *(meta-foré)* des Sinngehalts von einer Sache (oder Situation) auf eine andere stattgefunden hat. «Die Wiese lächelt» soll mithin heißen: Die Wiese ist übersät von Frühlingsblumen und -gräsern, sie ist daher sanft und heiter wie ein lächelndes Gesicht. Allein die Erwähnung dieses metaphorischen Ausdrucks lässt vor unserem inneren Auge eine grüne Wiese voller Gänseblümchen und Löwenzahn erstehen, auf der drei Farben hervortreten: grün, weiß und gelb.

In manchen Metaphern geht die Verschiebung der Bedeutung vom Subjekt, das eine Empfindung erleidet, auf diese Empfindung selbst, sie wird personifiziert und tut, was eigentlich Handlung des Subjekts wäre. Betrachten wir Dantes Hunger und Durst: Wer hat Hunger und Durst (nach Wissen oder Essen und Wasser)? Zum Beispiel der Gefräßige, den Dante im *Fegefeuer* nach dem Gesetz der Wiedervergeltung büßen lässt. Doch was sagt uns die metaphorische Sprache in dieser Situation? Sie sagt, dass der Hunger den Hungrigen «verzehrt», dass der Durst die Durstigen «verbrennt». Doch es ist der Hungrige, der etwas «verzehren» möchte, und es ist der Durstige, dem die Kehle brennt... Die Gefühle von Hunger und Durst erscheinen personifiziert, sie sind «der Hunger» geworden, eine schauerliche Gestalt, ähnlich der, die Ovid in den *Metamorphosen* auftreten lässt. Ein menschliches Skelett, mit tief in ihren Höhlen liegenden Augen, grauen Lippen, das Gesicht aschfahl, ein ausgemergeltes Wesen mit rauer und fast durchscheinender Haut, mit vorstehenden Knochen, das mit Nägeln und Zähnen das spärliche Gras aus dem steinigen Boden rupft.

> Da sah ich sie auch schon die gesuchte Hungersnot auf steiniger Flur
> mit Nägeln und Zähnen die spärlichen Grashalme ausrupfen.[9]

Im Prozess der metaphorischen Verschiebung ist also aus dem Hunger ein hungriger Mensch geworden, der sich wie ein solcher benimmt; und wer Hunger leidet, wird durch den Hunger selbst verzehrt und vernichtet.

Männer und Frauen in der Küche
(Kant, Condorcet)

Der Wissensdurst war auch bei Kant sehr ausgeprägt. Doch das Wissen, nach dem Kant strebt, hat die göttliche Aura verloren, die es bei Dante noch umgab: Es ist ein Wissen um irdische Dinge, es ist der Wissensdurst, wie er typisch ist für moderne Forscher in den wissenschaftlichen Disziplinen, und Kant fühlte sich durch Neigung und Berufung als Forscher.[10] Seine philosophischen Diätvorschriften kennen wir ja schon: Vielfalt über alles. Vielleicht ist uns die persönliche Beziehung des Philosophen aus Königsberg zu Essen und Trinken etwas weniger geläufig; eine getreue Beschreibung seiner Essgewohnheiten finden wir jedoch in den Biographien seiner drei Freunde Borowski, Jachmann und Wasianski.

Vor allem die ersten beiden haben ausführliche Schilderungen der Tischgewohnheiten des Philosophen gegeben. So erfahren wir, dass Kant morgens mit zwei Tassen Tee und einer Pfeife Tabak frühstückte, »in Schlafrock und Schlafmütze, über welche er noch ein kleines dreieckiges Hütchen aufsetzte», vermutlich, damit die Ideen nicht auskühlten. Eigentlich hätte er lieber Kaffee getrunken, dem er sehr zugetan war und den nicht zu trinken, ihn große Anstrengung kostete, vor allem wenn er in Gesellschaft war und ihm der Duft in die Nase stieg. Aber er wendete den kategorischen Imperativ mit aller Härte auf sich selbst an, unterdrückte folglich das Lustprinzip, denn »er hielt das Öl des Kaffees für schädlich und vermied ihn daher gänzlich».

Nun ist es aber gerade dieses Moment der Schädlichkeit des Kaffees, was die Moralität solcher Enthaltung zu sabotieren droht, erscheint sie dadurch doch von einem Interesse bestimmt. Die Maxime ist freilich universell, denn wenn der Kaffee schädlich ist, dann ist er das für alle, und alle sollten ihn vermeiden. Doch wenn ich so handle, dass die Maxime meines Handelns (»ich vermeide den Kaffee») von meinem persönlichen Wollen zum allgemeinen Naturgesetz erhoben werden kann (»alle vermeiden den Kaffee»), darf das einen Anteil an Interesse und Egoismus einschließen oder nicht? Ist die Handlung des Nicht-Kaffee-Trinkens in sich selbst objektiv notwendig, ohne Bezug auf einen anderen Zweck? Ist sie an sich gut und notwendig durch ein Wollen, das an sich vernünftig ist? Ist sie ein kategorischer Imperativ? Oder ist, keinen Kaffee zu trinken, gut im Hinblick auf irgendeinen möglichen oder realen Zweck, zum Beispiel, die schädigende Wirkung des Kaffeeöls zu vermeiden? Handelt es sich also um einen hypothetischen Imperativ?

Lassen wir das und gehen weiter. Nach dem Frühstück, das sehr früh stattfinden musste, nachdem der treue Diener Lampe Kant jeden Morgen um Punkt fünf Uhr geweckt hatte, folgte die Arbeit in der Universität und am Schreibtisch, dann um zwölf das Mittagessen, das der Philosoph »mit einem starken Appetit» einnahm. Die Biographen schildern genau Anzahl und Art der Gerichte und der Gewürze (von der Vorliebe für Senf wissen wir schon; auch Butter mochte er sehr und tat Unmengen davon an Gemüse und Fleisch). Die Lieblingsspeise Kants war der Kabeljau. Sogar wenn er satt war, meinte unser Philosoph, dass er noch einen schönen Teller (gemeint ist ein *tiefer* Teller) mit gutem Appetit davon essen könnte.

Aber noch merkwürdiger ist, dass Kant, entgegen seiner preußischen Art, beim Essen vom Essen redete – ein Vorrecht, das bis auf den heutigen Tag von Nordländern nur Franzosen und Italienern eingeräumt wird, nicht ohne eine gewisse Verächtlichkeit. Essen und zugleich mit Worten das kommentieren, was man isst, wie es zubereitet und gekocht ist («was nimmst du dazu?»), vielleicht sogar, wenn man nicht bei sich zu Hause ist, zu versuchen, das Rezept zu ergründen, ist eine der großen Tafelfreuden, und arm dran ist, wer sie nicht kennt. Es ist, als ob die Worte alles noch einmal zubereiteten: Das Vergnügen verdoppelt und erhöht sich, es ist, als würde man zweimal essen. Kant nun sprach bei Tisch nicht über die Kritik der reinen Vernunft oder über die Revolution, die sich in jenen Jahren in Frankreich ereignete, sondern er machte Anmerkungen zur Mahlzeit, er kommentierte und glossierte sie mit akribischer Genauigkeit. Wenn er bei anderen zu Gast oder im Gasthaus war und das Gericht schmeckte ihm,

> … ließ er sich, auch in männlicher Gesellschaft, die Art der Zubereitung sagen; kritisierte, wenn sie ihm gesagt ward, dieses oder jenes, das andre als dazu notwendig ansahen, sehr scharf.

Hippel sagte mehrmals scherzend zu ihm, er werde doch noch über kurz oder lang eine Kritik der Kochkunst schreiben.

Theodor Gottlieb von Hippel war nicht nur häufig Tischgenosse Kants, sondern auch Verfasser von äußerst geistreichen Traktaten zur Frauenfrage. Ich stelle mir vor – ich stelle es mir nur vor –, dass seine Thesen Kant Anlass boten, seine Ansichten zur Sache zum Besten zu geben. In dieser Hinsicht kann man Kant gewiss nicht als »Philosoph der Frauen» ansprechen, wie dagegen, ich weiß nicht, ob zu Recht, von David Hume behauptet wird.[11]

«Kenntnis des Küchenwesens und die Direktion davon sei jeder Frau wahre Ehre», urteilte Kant. Wenn sie ihren Mann, der sich nach einem anstrengenden Vormittag müde und abgespannt zu Tisch setzt, auf diese Weise erfreut und erquickt, bereitet sie sich selbst herzliche Freude, angenehme Unterhaltung und so weiter. Deshalb hielt Kant es »rätlich, dass man seine Tochter ebenso von einem Koch eine Stunde unterrichten lassen möchte, als von dem Musikmeister in der Tonkunst», denn bei ihrem künftigen Gatten – wer auch immer das sei, ob Wissenschaftler oder Geschäftsmann – würde sie sich mehr Achtung und Liebe erringen, wenn sie ihn beim Nachhausekommen von der Arbeit mit einem schmackhaften Gericht ohne Musik empfinge, als wenn sie ihm mit einem ungenießbaren Essen samt Musik aufwartete.

Es fällt schwer, derartige Positionen Kants mit der Vorstellung vom Philosophen als dem Träger universaler Würde in Einklang zu bringen. Würde für wen? Nach Kant ist Moralität die unabdingbare Voraussetzung, damit ein Vernunft begabtes Wesen ein Zweck an sich sein und sich als »gesetzgebendes Glied im Reich der Zwecke» konstituieren kann. Sind Frauen Vernunft begabte Wesen? Sind sie Glieder im Reich der Zwecke?

Deutlicher und weniger philisterhaft erscheint uns hingegen ein französischer Zeitgenosse Kants, der Marquis de Condorcet, *philosophe* und *citoyen*, der von der Küche keine Ahnung hatte, der aber nicht der Ansicht war, dass die Frauen ihr Leben dort verbringen und ihre Würde daraus ableiten sollten: Ebenso wenig hätte er, möchte ich vermuten, sich von einer Frau, die mit ihm über die französische Revolution sprechen wollten, »augenblicklich abwenden» wollen, wie Kant das von sich behauptete, weil der Franzose nämlich dem weiblichen Geschlecht dasselbe Maß an Vernunft und dieselben Rechte zubilligte wie dem männlichen Geschlecht.[12]

Allerdings verstand er nichts von der Küche, der Ärmste – er war wirklich ein «Philosoph der Frauen» –, und «der Ärmste» sage ich, weil diese Unerfahrenheit fatale Folgen für ihn haben sollte. Als gemäßigter Girondist wurde er von den Jakobinern verfolgt. Eines Abends floh Condorcet aus der Pariser Wohnung, wo er Unterschlupf gefunden hatte (wir schreiben das Frühjahr 1794), und irrte die ganze Nacht hindurch über die Felder in der Umgebung der Hauptstadt umher. Als er am Morgen erschöpft in eine Schenke trat, berichten die Biographen, bat er um etwas zu seiner Stärkung. Man bot ihm ein Omelett an. »Aus wie viel Eiern soll es sein?», fragte der Wirt. Und der Marquis de Condorcet, der, wie Cassierer, noch nie in seinem Leben eine Küche betreten hatte und vielleicht nicht einmal wusste, dass Omeletts aus Eiern gemacht werden, antwortete zögernd: »Zwölf?» Diese Antwort und dann noch die aristokratischen Hände machten den Wirt misstrauisch, er ließ ihn in ein Zimmer sperren und verständigte die (jakobinischen) Gendarmen. Alles Weitere ist Geschichte und wenig erfreulich.

Ekel und Fasten des Philosophen
(Sartre, Wittgenstein)

Im Zusammenhang mit den Überlegungen zu Verdauung und Assimilation hatte ich im vierten Kapitel schon die Vermutung geäußert, dass der französische Existenzphilosoph Jean-Paul Sartre kein gutes Verhältnis zum Essen gehabt haben dürfte. Dieser Verdacht verstärkt sich, betrachtet man seinen philosophischen Roman *Der Ekel* von 1938. Der Held, der Historiker Roquentin, der ohne feste Bleibe und Anstellung lebt, erfährt das Ekelgefühl als physisches Korrelat seiner Bewusstwerdung. Insbesondere empfindet Roquentin einen starken Gegensatz zwischen der Welt des Seins und der Welt des Bewusstseins. Die erste ist voller ekelerregender Attribute: Die Welt des Seins ist schlüpfrig, weich, süßlich: «weich, unbestimmt, süß, verschwommen, organisch, schlüpfrig, zuckrig, lau», wie der weiße Geifer des Spinnengeists. Ganz im Gegensatz dazu kennt die Welt des Bewusstseins nur positive Werte: Sie ist rein und kristallin, klar und deutlich, «trocken, abstrakt, streng, sauber, hart, metallisch, nüchtern, rein, Diamant, fein und fest, präzis und genau».[13]

Die erste Gruppe von Eigenschaften, die «schleimigen», erinnern an die weich-süßen McDonalds-Produkte. Die Realität, die sich in ihnen manifestiert, ist abstoßend und ekelerregend, und führt dazu, dass man sich an das Bewusstsein hält, das frei ist, etwas Irreales hervorzubringen, in dem man Zuflucht suchen kann. Die philosophische Position Sartres scheint aber das Gegenteil zu besagen: Das Ich muss als etwas dem Bewusstsein Äußerliches aufgefasst werden, das draußen, in der Welt ist, unter den anderen (die aber die Hölle sind…), auf der Straße, unterwegs, inmitten der Menge, Ding unter Dingen, Mensch unter Menschen. Die Dinge können nicht im Bewusstsein aufgelöst und verdaut werden: Sie sind da, ihm äußerlich, hart und trocken, fein strukturiert und fest. Doch genau dieser Gegensatz macht das existenzielle Drama des Bewusstseins aus: Es ist zerrissen zwischen seinem Dem-Sein-äußerlich-sein und dem sich Nicht-im-Sein-verlieren-wollen. Daher der «Ekel» vor der Welt, vor dem An-sich-Sein der Dinge, derselbe Ekel vor dem Weichen und Süßlichen, den Roquentin verspürt.

Auch der Wiener Philosoph Wittgenstein muss alles andere als ein Feinschmecker gewesen sein. Die Monotonie seiner Ernährungsweise kennen wir schon und seinen Wunsch, immer dasselbe zu essen. Klar ist jedenfalls, dass er der Einfachheit den Vorzug gab, und es heißt, er habe sich fast ausschließlich von Haferflocken ernährt. Auf das Paradox zwischen der angestrebten Einförmigkeit der Ernährung und der empfohlenen Vielfalt der philosophischen Kost haben wir schon hingewiesen. Eine weitere Bemerkung zur philosophischen Diät finden wir in einer Aufzeichnung von ihm aus dem Jahr 1931. Hier nimmt die Empfehlung den autoritativen Ton der Vorschrift an. Die Philosophie folgt nicht dem Lustprinzip, sondern der Pflicht, indem sie eine Kost bietet, die den Geschmack dessen, der sie zu sich nimmt, verändert:

> Wer heute Philosophie lehrt, gibt dem anderen Speisen, nicht weil sie ihm schmecken, sondern um seinen Geschmack zu ändern. [14]

Und doch lehnt Wittgenstein die Welt der Nahrung und der Küche nicht ab, im Gegenteil. In einer kuriosen Jugendaufzeichnung aus den Jahren des Ersten Weltkriegs, in denen er Frontsoldat war, erklärt er: »Am besten kann ich jetzt arbeiten, während ich Kartoffeln schäle». Und einige Jahrzehnte später wird er, diese Ahnung bestätigend, schreiben, die Gedanken, die er zu Papier bringe, seien wie Äpfel, die lange in einem Sack verschlossen waren. Bei vielen müsse man die schwarzen Stellen wegschneiden, um das zu retten, was noch genießbar ist.[15]

Ich kann ihm nicht Unrecht geben – *si parva licet componere magnis* (wenn es erlaubt ist, Kleines mit Großem zu vergleichen): Auch ich kann gut denken und arbeiten, wenn ich mit den Händen gleichförmige, aber stille hausfrauliche Tätigkeiten verrichte, wie Kartoffeln schälen, Gemüse putzen oder bügeln, ich meditiere dann in den Falten der Kleider wie in denen des Bewusstseins. Auch Spinoza philosophierte, während er seine Linsen schliff, na und?

Doch kehren wir zurück zu Wittgenstein. Eben in der jugendlichen Phase, als er beim Kartoffelschälen nachdachte, lässt sich bei ihm die Verwendung von Ausdrücken beobachten, die so etwas wie einen linguistischen Substantialismus verraten, eine Art Verdinglichung, die zu besagen scheint, das Reale sei das, was man isst. Das belegt eine Reihe von Eintragungen aus dem Jahr 1914, in denen Wittgenstein unentwegt wiederholt, das treffende Wort, die Lösung des Problems, das ihn beschäftigt, der erlösende Gedanke – doch er sagte nicht, welchen Problems – «liege ihm auf der Zunge» wie ein Bissen Essen, der ihm dann aber wieder entgleitet. Derselbe Ausdruck wird tagelang wiederholt, und dieses Auf-der-Zunge-liegen scheint eine quasi materielle Dichte zu erlangen und wird damit zur Vorwegnahme der Essentialität von Sprache. «Gestern lag es mir einmal ganz auf der Zunge. Dann aber gleitet es wieder zurück.»[16] Die Zunge, das Organ des Geschmacks und des Wortes, der Empfindung und der Rhetorik, von Quietismus und Aktionismus.[17]

Die metaphorische Befrachtung der Zunge führt von der Vorstellung einer physischen Masse zu der von deren Verschwinden, da sie wieder ins Körperinnere verschluckt wird. Doch der Gedanke hört nicht auf, ihn zu quälen, und am 26. November desselben Jahres 1914 schreibt Wittgenstein, zum wiederholten Mal: «Wieder einmal liegt mir die fehlende Erkenntnis auf der Zunge.»

Doch wenn er sie immer wieder verliert, sie ihm immer

wieder entgleitet, gerät er in Gefahr, dass die Zunge unnütz wird, am Gaumen festklebt, wie es in Psalm 137 heißt: «Die Zunge soll mir am Gaumen kleben, / wenn ich an dich nicht mehr denke, / wenn ich Jerusalem nicht zu meiner höchsten Freude erhebe.» Und der Philosoph kann dann nichts tun als zu fasten und zu schweigen.

Siebtes Kapitel

PHILOSOPHISCHE SPEISEN UND GETRÄNKE

Die Legende von Barlaam und Josaphat, Detail

Das Brot der Wahrheit

Eine Anekdote des Diogenes Laertios über den antiken Philosophen Bion erzählt:

> In Rhodos, wo die Athener Rhetorik studierten, lehrte er Philosophie, als ihm das vorgehalten wurde, meinte er: «Wie kann ich, wenn ich Weizen bei mir habe, Gerste verkaufen?»[1]

Gemeint ist natürlich der Weizen der Philosophie, das edlere Getreide, das der edleren Disziplin entspricht, und man braucht nicht eigens zu betonen, dass viele die platonische Ansicht teilten, wonach der Weizen der Philosophie der Gerste der Rhetorik, auf deren Prinzipien die Redekunst fußt, weit überlegen ist.

Der Vergleich ist – wie wir schon wissen –, ähnlich geartet wie der Dantes im *Gastmahl*, wenn er dem Leser ankündigt, dass das Brot des Kommentars aus Gerste sein wird (nämlich auf Italienisch) und nicht aus Weizen (auf Latein). Es wird, fährt Dante fort

> … jenes Gerstenbrot sein, an dem sich tausende sättigen werden, und mir werden sie die vollen Körbe übrig lassen. Dies wird neues Licht sein, neue Sonne.[2]

Es wird das Brot der Weisheit sein, ein «lichtvolles» Brot, wage ich zu behaupten, das den hungrigen Geist mit Erkenntnis füllt. Die wichtigen Erkenntnisbegriffe, scheint dieses Bild zu suggerieren, werden nach Rangordnungen und Formen miteinander verknetet; sie bestehen nicht länger als isolierte und selbständige Einheiten – Mehl, Wasser, Hefe –, sondern es ist, als wären sie durch eine sehr enge Verbindung gemeinschaftlicher oder familiärer Art miteinander vermengt und vereint, wie das in einem fertig gebackenen und zum Verzehr bereiten Brot der Fall ist.

Man sollte nicht außer Acht lassen, dass die christliche

Eucharistie zur Einnahme der Hostie einlädt, um Christus ähnlich zu werden. Aber wenn Christus die Wahrheit ist, dann ist der Verzehr der Hostie eine buchstäbliche *adaequatio rei et intellectus*, ein Weg, der Wahrheit durch physische Assimilation teilhaftig zu werden. Die vollkommene Angleichung zwischen Objekt und Intellekt – was als die philosophische Definition der Wahrheit galt, bevor sie eben durch die Rhetorik in Frage gestellt wurde – findet ihren sinnfälligsten Ausdruck in der Angleichung zwischen Inhalt und Behältnis, zwischen Verzehrtem und Verzehrendem. Die Wahrheit ist Brot. Und das Aufgehen des Brotteigs, haben wir gesehen, ist das Paradigma einer gleichzeitigen Anwesenheit von Einem und Vielen beim Übergang von einem Zustand in den anderen, bewerkstelligt von der treibenden Kraft der Hefe.

Zu der Welt, die wir verloren haben – Gott sei Dank, sagen viele; ich verspüre noch eine gewisse Sehnsucht danach –, gehört das Ritual des Brotbackens. Isabel Allende sah in einem Kloster in Brüssel ehrfürchtig einer Laienschwester zu, die dort «aus der mystischen Verbindung von Sauerteig, Mehl und Wasser» Brot zubereitete. Die Schwester knetete den Teig, verteilte ihn auf verschiedene Formen, bedeckte diese mit einem weißen Tuch und ließ sie auf einem großen Tisch aus mittelalterlichem Holz ruhen. Während sie arbeitete

> ...ereignete sich in der Küche das schlichte alltägliche Wunder des Mehls und der Poesie, der Inhalt der Formen gewann Leben, und ein langsamer sinnlicher Vorgang spielte sich unter den weißen Tüchern, die wie verschwiegene Laken die Nacktheit der Brotlaibe zudeckten.[3]

Der Inhalt dieser Formen nimmt Leben an und regt sich wie das Kind, das umhüllt von der Plazenta, geschützt vom geheimnisvollen «Mutterkuchen» wächst und sich bewegt, bis es das Licht der Welt erblicken und die Milch der Welt trinken kann.

Worte aus Milch

Kinder und besonders Neugeborene brauchen Milch, Milch und Worte. Das Stillen bietet auch Gelegenheit, mit dem Kind zu kommunizieren, mit den Augen, mit der Stimme, mit der Nase, mit den Händen, es anzuschauen, mit ihm zu reden, es zu riechen, abzutasten, es aufzufressen: «Ich hab dich zum Fressen lieb, ich könnte dich mit Küssen auffressen», lauten einige Ausdrücke der Mutterliebe, einer plotinschen Liebe, die überströmt und sich ergießt und keine Erwiderung braucht, weil sie selbstlos ist.

Im Bild der fürsorglichen Liebe der Mutter, die das Neugeborene pflegt, stellt das Alte Testament die zarte Liebe Gottes zu seinem Geschöpf dar, wie Hiob im Moment der Dankbarkeit anerkennt, bevor er in sein trauriges Klagen verfällt:

> Hast du mich nicht ausgegossen wie Milch
> Wie Käse mich gerinnen lassen?[4]

Hast du mich nicht liebevoll durch deine Finger rinnen lassen, scheint Hiob zum Herrn zu sagen, mich behandelt wie Milch, mich gerinnen lassen wie Milch? Ist hier nicht wieder die metaphorische Personifizierung am Werk, die wir auch schon im Fall des Hungers beobachten konnten? Die Person hat Hunger, und das genügt, damit der Hunger Person wird und sich benimmt wie der Hungrige. Wer dem Kind Pflege und Aufmerksamkeit angedeihen lassen will, gibt ihm Milch, und der so mit Pflege und Aufmerksamkeit Bedachte wird selbst zu Milch, die durch die göttlichen Hände fließt und gerinnt, bis sie zu Käse wird.

«Milch gab ich euch zu trinken statt fester Speise, denn diese konntet ihr noch nicht vertragen», schreibt Paulus an die Korinther, und vergleicht die neu bekehrten Christen mit Kindern, die sich nur von Milch ernähren und keine feste Nahrung vertragen. «Milch habt ihr nötig, nicht feste Speise», wiederholt der Apostel aus Tarsos gegenüber den Hebräern. Ich habe euch Milch gegeben, hatte er tatsächlich kurz zuvor erklärt, weil ich nicht mit euch sprechen konnte, ihr wart «unmündige Kinder». Anstelle des Wortes, das ihr nicht verstanden hättet, habe ich euch Worte aus Milch gegeben, damit ihr wachsen könnt im Angesicht des Heils, denn, wie auch Petrus im ersten Brief meint, «Ihr verlangt, gleichsam als neugeborene Kinder, nach der unverfälschten, geistigen Milch ...». So, fährt Petrus in seinem Psalm fort, «Kostet und seht, wie gütig der Herr ist.»[5] Gott ist Milch, erste Nahrung geworden, um sich in seiner Güte kosten zu lassen.

Ex ovo omnia

In der *Sacra conversazione* des Piero della Francesca sieht man aus einer, unter der reich verzierten Decke schwebenden Muschelschale – genau über dem Kopf der Jungfrau – an einem Faden oder einer Kette ein Ei herabhängen (Abb. 5). Symbol der Zeugung und hier auch Hinweis auf den Mittelpunkt des Raums, der die Blicke in diese Richtung lenkt, steht das Ei für die Geburt das Kindes, das im Schoß der Mutter ruht.

Entstehung des Lebens, ja, des ganzen Universums aus einem Ur-Ei ist ein sehr alter Schöpfungsmythos. Dank seiner magischen Symmetrie und seiner schlichten Form ist das Ei seit der Steinzeit ein elementares Symbol für die Verwandlung des Chaos im Kosmos (Ordnung). Es suggeriert eine so schlichte wie elegante Vorstellung, wonach die Geburt der Schöpfung in zwei Momenten vor sich geht: Zunächst Hervorbringung des Eis durch eine mütterliche Kraft, sodann Selbstbefreiung des Lebendigen aus seiner Hülle oder uranfänglichen Schale. So ist das Ei ein Symbol, das an sich selbst lehrt, die einhüllende Form und das Aufbrechen derselben zusammen zu denken.[6]

Die Geschichte des Eis ist die Geschichte seiner Situierung in einem vorgegenständlichen Raum: Es ist die philosophische Geschichte einer Einheit, die dem Vielfältigen weichen muss und in die jedes Vielfältige doch wieder zurückführt, in die eiförmigen Monade, die jederzeit bereit ist, erneut aufzubrechen.

Um auf philosophische Fragen wie: Wer sind wir / was ist die Welt; woher kommen wir / woher kommt die Welt; wohin gehen wir / wohin geht die Welt, eine Antwort zu geben, fängt der philosophische Schriftsteller für Kinder, Jostein Gaarder, eben beim Ei an, um seine Überlegungen zu entwickeln, nachdem er zuvor für die kleinen Philosophenlehrlinge ein paar elementare Regeln aufgestellt hat:

– Respekt vor intelligenten Fragen (denn eine Frage verdient mehr Achtung als eine Antwort);
– beim Nachdenken Daumen lutschen (um sich besser konzentrieren zu können und eine Öffnung zur Welt zu verschließen);
– die Finger bewegen, wenn man reden will (denn das ist die Bewegung des Neugeborenen, dessen, der neu auf der Welt ist und sich über die Welt so sehr wundert wie der Philosoph).[7]

Ich erinnere mich an eine Philosophiestunde, die ich für Kinder einer Grundschule gehalten habe, in einem kleinen Ort am See, die Schüler trugen blaue Schulschürzen und folgten halb verwundert, halb ernsthaft dem Unterricht und hielten sich an die Regeln. Meine Unterrichtsmaterialien waren ein Stein und ein Ei. Mit diesen beiden Dingen in meinen Händen und in denen der Kinder sprachen wir über das Universum und seinen Ursprung, sprachen wir über die Zeit und fragten uns, wie wir bemerken, dass sie vergeht, und fragten uns, ob es Zeit geben kann ohne die Dinge. Und unterdessen wurde das Ei von Hand zu Hand weitergereicht, vorsichtig, damit es nicht zerbrach.

In der Struktur des Eis erblickten die Stoiker die Konstitution der Philosophie selbst: Der äußere Teil, die Schale, ist die Logik; das Weiße ist die Ethik; der innerste Teil, der Dotter, ist die Physik. Die Logik ist die Schale, weil sie das Gerüst des gültigen Gedankens ist, von dem sich bestimmen lässt, ob er wahr oder falsch ist. Die Ethik ist das Eiweiß, der flüssige und klebrige Teil, sie sucht die Unterscheidung zwischen Gut und Böse zu gewinnen; die Physik ist die Wissenschaft von der Natur im Allgemeinen, die im Herzen der Spekulation steht und den reichsten und den der Sonne am ähnlichsten Teil darstellt, eben den Dotter.[8]

Außer als Symbol und Metapher wird das Ei aber auch – natürlich von den Menschen und nicht von den Hühnern – vor allem in seiner Eigenschaft als Nahrungsmittel geschätzt, als der Proteinspender schlechthin, über dessen Bekömmlichkeit sich die Ärzte nie einig waren. Sicher galt das Ei immer als nahrhaft, und sowohl wegen dieser Nahrhaftigkeit, als auch wegen seines symbolischen Gehalts als Uranfängliches, stets als geeignete Kost für Wöchnerinnen.

Die Miniatur aus dem 15. Jahrhundert auf Abb. 6 stellt die Geburt Josaphats dar, eines indischen Prinzen – die Mutter Königin trägt eine Krone auf dem Haupt –, der einem spätmittelalterlichen Epos zufolge von Barlaam zum christlichen Glauben bekehrt wurde. Auf der Terrasse befragen Astrologen die Sterne, in der Küche kocht eine Frau Eier (Abb. 7). Im Zimmer zeigt die Dienerin der Mutter das Neugeborene, während weitere zwei Dienerinnen ein Gericht aus Eiern auftragen, Symbol und Anfang des Lebens.[9] Das, was der Ursprung allen Leben ist, das, woraus alle Dinge herkommen, ist auch das, was verzehrt wird, im ewigen Austausch der Merkmale und Bedeutungen, wie es typisch ist für die metaphorische Sprache.

Die Phänomenologie des «Geistes»

Bevor wir zur Untersuchung eines philosophischen Getränks wie dem Wein gehen, wollen wir zunächst einen alten, aber immer noch gültigen Spruch beim Wort nehmen, nämlich: *in vino veritas*, die Wahrheit liegt im Wein. Lassen wir so banale Erklärungen wie, der Mensch verliere im Zustand der Trunkenheit seine Hemmungen und gebe Dinge preis, die er sonst vielleicht nicht zu sagen gewagt hätte, beiseite. Wörtlich genommen besagt der Spruch, dass die Wahrheit im Wein liegt, und wir wissen, dass wir aufgrund der Gesetze des Symbolischen daher sagen dürfen, dass der Wein Wahrheit ist.

Dem Ausdruck liegt ein äußerst bedeutender philosophischer Begriff zugrunde, der des Geistes nämlich (*pneuma, spiritus, esprit*). In seiner ganzen Bedeutungsfülle steht der Begriff «Geist» für flüchtige Emanation eines Körpers, Gas, für das Ergebnis von Destillation, und ist damit ein Synonym für Alkohol; aber er bezeichnet auch das Denken, die gedankliche Wirklichkeit im Allgemeinen. Daneben bedeutet der Begriff aber auch noch Klugheit, Intellekt, und in diesem Fall ist er synonym mit Verstand. Bei diesem breiten Bedeutungsspektrum und bei der tatsächlichen oder scheinbaren Verwandtschaft mit ähnlichen Begriffen in den europäischen Sprachen, gibt es beim Übersetzen reichlich Gelegenheit für Missverständnisse: In vielen Fällen müsste das französische *esprit* mit Verstand oder Vernunft übersetzt werden und das italienische *spirito* angemessenerweise mit Witz oder Gedanke. Das ist die Gefahr, aber auch der Reichtum der lebendigen Sprachen.

Doch zurück zum Wein, d.h. einem aus der Vergärung von Traubensaft gewonnenen, alkoholischen Getränk; wir hätten also da eine Flüssigkeit, die Geist enthält und geistreich macht – über diesen so merkwürdigen wie häufigen Vorgang der metaphorischen Verschiebung sind wir mittlerweile vollkommen im Bilde. Und da Genauigkeit nicht die höchste Tugend des Imaginären ist, könnten wir auch sagen, der Wein ist Geist, auch wenn er nicht den Prozess der Verflüchtigung und der Kondensation des Gases durchgemacht hat, der eine Flüssigkeit von den aus ihr destillierten geistigen Getränken unterscheidet, wie beispielweise bei dem Grappa, den unser Freund Gianni im Hof aus Birnen und Kirschen brannte, weshalb in jenen Tagen über dem ganzen Dorf ein intensiver Duft nach destilliertem Obst lag.

Doch fahren wir fort in unserem Syllogismus: Wenn der Wein Geist ist, dann ist die Wahrheit jener Geist, den ich trinke und der mich mit seinen Dämpfen berauscht. Da kann man dann ahnen, was Hegel meinte, als er sagte, die Wahrheit sei ein rauschhaftes Bacchanal, bei dem kein einziger Teilnehmer nüchtern ist[10]: Die Wahrheit ist ein Bacchanal von Geist und Denken, an dem alle teilnehmen wie die Gäste beim göttlichen Festmahl Dantes. Hegel, der jedes Jahr zum Jahrestag des Sturms auf die Bastille eine Flasche Rotwein öffnete und mit Schleiermacher Adressen von Wein- und Spirituosenhändlern austauschte, scheint am Geist des Denkens ebenso interessiert gewesen zu sein wie an dem des Weines. Die historische Wirklichkeit zum Beispiel braucht man nicht gänzlich abzuschaffen: Es genügt, sie mit Geist zu imprägnieren wie mit Salz, das die Speisen so angenehm durchzieht, sagte Hegel, der an dieser Stelle auch darauf hinweist, dass Geist wie Salz die zu verzehrenden Speisen, oder die Positivität der Geschichte, schmackhaft machen.

«Sie sind trunken von süßem Most!», riefen entsetzt die frommen Juden aus, die aus allen Ländern der Welt in Jerusalem zum Pfingstfest zusammengeströmt waren und die nun die Apostel, auf die der Geist herabgekommen war, in allen Zungen reden hörten. Wahrlich, die Apostel waren wie Trunkene, weil sie vom Geist erfüllt waren: Sie waren berauscht vom göttlichen Geist.

Vielleicht spielt Kierkegaard, der überhaupt großzügig mit den Metaphern von Essen und Trinken umgeht, vor dem Hintergrund dieser neutestamentarischen Tradition mit dem Bedeutungsfeld Wahrheit/Geist/Wein.

In vino veritas lautet der Titel des ersten Teils der *Stadien auf des Lebens Weg*, ein Werk aus dem Jahr 1845.[11] Wie das Essen in den Schriften Kierkegaards – wir haben im fünften Kapitel darüber gesprochen –, ist auch der Wein für Kierkegaard ein Sinnbild für die Erinnerung:

> Die Abfüllung der Erinnerung muß den Duft des Erlebten in sich geborgen haben, bevor man sie verriegelt.

Es ist nicht wichtig, den genauen Ort eines Ereignisses zu kennen, Tag und Jahr. Es genügt, das Gefühl der Dinge zu bewahren, während ihre genaue Kontur, das Faktische, sich verlieren und die Essenz des Ereignisses sich auf dem Boden der Flasche absetzt:

> Und gleich wie der edle Wein, wenn er die ‹Linie› passiert, weil die Wasserteilchen verdunsten, ebenso gewinnt auch die Erinnerung, wenn sie die Wasserteilchen des Gedächtnisses verliert.

Kierkegaard nimmt hier den Unterschied zwischen Gedächtnis und Erinnerung wieder auf, den Augustinus in den *Bekenntnissen* untersucht hat, doch er kommt zu einem anderen Schluss als der Kirchenvater. In der Tat, schrieb Augustinus, sei die Erinnerung wie Essen, das «durch den Magen gegangen ist», im Gedächtnis hat sie ihren ursprünglichen Geschmack eingebüßt und ruft nur noch schwache Gefühle hervor, die manches Mal auch im Gegensatz zu den ursprünglichen stehen: So können wir heiter an ein einst trauriges Ereignis denken oder betrübt an eine vergangene Freude.[12] Kierkegaard hingegen scheint uns mit dem Bild vom Wein, dessen Geschmack und Aroma sich beim Verdampfen des Wassers intensivieren, sagen zu wollen, dass die

Gefühle durch den Prozess des Destillierens in der Erinnerung intensiver und lebendiger werden.

Auf diese Weise wird die Erinnerung berauschend, wie auch die Stille es sein kann, bemerkt Kierkegaard weiter zum Thema des Rausches, berauschender noch als der Becher, den der Zecher hastig an die Lippen führt:

> ... denn wie geschwinde der Trinker auch den Becher zur Lippe hebe, sein Rausch wächst nicht so geschwind wie der der Stille, welcher mit jeder Sekunde wächst.

Um dann, vielleicht im Widerspruch zu sich selbst, jedoch die Anschaulichkeit des Bildes steigernd, die Frische eines Springbrunnens zu beschwören, der das Verlangen stillt: «Ich verlange unablässig Erheiterung durch einen Springbrunnen», sagte Kierkegaard. «Ich kann ohne das Wasser trinken, aber Wein auf einem Gastmahl trinken, kann ich ohne das nicht», genauer gesagt, an der Gemeinschaft und am Fest der Geladenen teilnehmen, dem einzigen Ort, wo die Rede sein kann von

> in vino, und keine Wahrheit dürfe da sich vernehmen lassen außer so wie sie in vino ist, wenn der Wein der Anwalt der Wahrheit ist und die Wahrheit ein Anwalt des Weins.

In diesem Fall wird das Gastmahl, das Mahl wieder das, was es ist: Symbol der Gemeinschaft, die sich im gemeinsamen Essen und Trinken bildet.

Vor gar nicht langer Zeit waren wir zu Besuch in einer Amish-Gemeinde in Pennsylvania, und man führte uns in eines ihrer Häuser, das zum Museum geworden war. Neben anderen Räumlichkeiten zeigte man uns eine Küche mit dem Esstisch, umstanden von Holzstühlen und -bänken, die Kredenz an der Wand. Der Tisch war gedeckt mit Tischtuch, Geschirr und Besteck, und wir hatten das Gefühl, bei uns zuhause zu sein. Doch der Führer klärte uns darüber auf, dass es etwas Außergewöhnliches sei, wenn heutzutage die Mitglieder der Familie noch alle gleichzeitig zu Tisch gingen und sich auf ihren Platz setzten, der Vater hier, die Mutter da, und alle miteinander das am häuslichen Herd zubereitete Essen einnahmen und miteinander sprächen. Auch diese Welt wird, selbst wenn wir sie noch nicht völlig verloren haben, bald ganz verschwunden sein. Und wenn wir uns davon überzeugt haben werden, dass die Zubereitung des Essens zuhause und die tägliche gemeinsame Mahlzeit überholte Werte darstellen, dann werden wir das Plastiktablett mit dem eingeschweißten Essen, das wie in *Mathildes Familie* von Roald Dahl jeder für sich vor dem Fernseher einnimmt, als Errungenschaft begrüßen und wir werden uns emanzipiert und glücklich fühlen.

Achtes Kapitel

EXZESS BEIM ESSEN UND EXZESS AN WORTEN

oder Die Todsünde der Unmäßigkeit

Völlerei: «Frau in rostfarbenes Gewand gekleidet,
mit langem Hals wie ein Storch & einem ziemlich dicken Bauch».
Aus: Cesare Ripa, *Iconologia* (1603), Hg. Piero Buscaroli,
Vorwort von Mario Praz, Mailand 1992

Laster und Todsünden

Die Empfehlungen zu einer philosophischen Diät, wie wir sie bei Kant, Kierkegaard oder Wittgenstein gesehen haben, entspringen der berechtigten Sorge über die Folgen, die durch die Unregelmäßigkeiten einer unausgewogenen Ernährungsweise entstehen können. Die Diät ist eine Ernährungsvorschrift, die auf Ausgewogenheit und Mäßigung abzielt. Vermieden werden sollen auf der einen Seite übertriebenes Fasten, das zu Entkräftung und Verhungern führen würde, auf der anderen Seite Maßlosigkeit bei der Aufnahme von materieller und geistiger Nahrung, was seinerseits zu schädlicher, ja sündhafter Völle und Übersättigung führen würde.

Auch wenn die christliche Lehre den Exzess beim Essen als Todsünde oder Laster der Völlerei verdammt – auf den Unterschied kommen wir gleich noch zu sprechen –, wirkt die Analogie zwischen Essen und Wort weiter, ja sie ist hier ausgeprägter denn je. Mit diesem Thema wollen wir uns nun, zum krönenden Abschluss unserer kleinen Kritik der kulinarischen Vernunft, befassen. Um aber einem theologisch-philosophischen Themenkomplex dieser Tragweite gerecht werden zu können, wird es nötig sein, ein paar grundlegende Begriffe zu klären, die uns gestatten sollen, diese Materie etwas leichter zu handhaben.

Der erste Begriff betrifft den Unterschied zwischen (Tod-) Sünden und Lastern sowie ihre Ähnlichkeiten.

Beide, Laster und Sünden, sind Erscheinungsweisen des Bösen, sie sind schematische Darstellungen der zahllosen Formen, in denen das Böse sich manifestieren kann. Im ethischen Lehrgebäude des Christentums – in dem wir auch befangen sind, es ist schließlich unser Erbe und wir müssen uns wohl oder übel damit auseinandersetzen – gilt das Böse als Verneinung des göttlichen Willens und der von ihm gewollten Ordnung. Das Böse ist eine Schwäche des menschlichen Willens, die dem Widersacher erlaubt, in Form von Geist (noch eine Bedeutung des Begriffs, hier im Sinn von *pneuma*, Atem, Hauch, Wind) durch die Öffnungen der fünf Sinne in uns einzudringen, durch die Ritzen und Poren in unserer Haut, die uns zur Außenwelt hin öffnen oder von ihr abschließen.

Die Laster sind – um zu den Eigenschaften zurückzukehren, die sie von den Sünden unterscheiden – nach einhelliger Meinung christlicher wie heidnischer Autoren (siehe Aristoteles[1]) Charakteranlagen, Tendenzen und Neigungen zur Sünde, mit denen man geboren wird: Einer kommt unmäßig oder zornig auf die Welt, wie andere mit krummen Beinen oder schwarzen Haaren. Die Laster sind also eine Art psychologische Voraussetzung zur eigentlichen Verfehlung, welche dann die Sünde ist. Und damit sind wir beim Punkt: Die Sünde setzt eine Mitwirkung des Willens voraus, sie geht hervor aus einer vorsätzlichen Absicht, die willentlich in die Tat umgesetzt wird. Der Unterschied wird nun auch an Dantes Gedicht deutlich erkennbar: Laster sind schlechte Anlagen, die im Fegefeuer gebüßt werden können; Sünden dagegen sind böse Taten, die in der Hölle bestraft werden müssen.

Haben wir derart den Unterschied deutlich gemacht, meldet sich auch gleich die Ausnahme. Die Sprache, darin nachlässig wie eine schlampige Hausfrau, verwendet die beiden Ausdrücke oft wie Synonyme und schert sich nicht um die Unterschiede. Dies um zu erklären, dass im gängigen Sprachgebrauch die beiden Begriffe Laster und Sünde häufig undifferenziert verwendet werden.

Der zweite Begriff, den man kennen sollte, um sich mit diesem Thema auseinander zu setzen, ist die Ordnung und die Anzahl der (Tod-)Sünden und/oder Laster in der christlichen Lehre. Wer sie auswendig gelernt hat, ist es gewohnt, die Todsünden in einer bestimmten Reihenfolge herzusagen, beginnend mit dem Stolz – als ob das ohne allen Zweifel und ein für alle Mal die erste und schwerste Sünde wäre, sowohl chronologisch als auch inhaltlich –: Stolz, Geiz, Unkeuschheit, Neid, Unmäßigkeit, Zorn, Trägheit. Auf Latein: *superbia, avarizia, luxuria, invidia, gola, ira, accedia*; die Anfangsbuchstaben hintereinander gelesen ergeben *saligia*, was nichts bedeutet, aber dazu dient, sich Anzahl und Reihenfolge einzuprägen. In dieser Form, wie wir sie heute kennen, ist die Siebenzahl der Todsünden am Beginn des 13. Jahrhunderts festgelegt worden und tauchte so in der religiösen Literatur auf, um dann zum Beispiel bei Dante Eingang in die Dichtung zu finden.

Aber bevor sie in dieser Anordnung (Zahl sieben und Reihenfolge «*saligia*») kanonisiert wurden, hatten die Laster/Todsünden einen weiten Weg zurückzulegen, den wir andeutungsweise skizzieren wollen. Wichtig in unserem Zusammenhang ist, dass viele Denker über sehr lange Zeit den Primat und den obersten Rang unter den Todsünden der Unmäßigkeit (oder Völlerei) zuerkannten, und nicht dem Stolz.

Welcher Art war die Sünde, die am Anfang der Menschheitsgeschichte steht? «Was war Adams Sünde?», fragte mein Katechismus unter Frage Nr. 23 (und Eva?). Antwort: «Adams Verfehlung war die schwere Sünde der Stolzes». Das Ganze war illustriert mit der Darstellung von zwei Heranwachsenden (auf dem Bild ist Eva dabei) mit blondem, lockigem Haar und mit Fellen bekleidet, daneben ein Putto mit flammendem Schwert und eine aufgerollte Schlange, die hoch zufrieden dreinschaut. Die Illustration gefiel mir ausnehmend gut, doch es war die Antwort, die mich nicht befriedigte. Warum sollten unsere Urahnen sich durch Stolz versündigt haben, fragte ich mich, gleichzeitig voller Angst, eine Häresie zu begehen, und nicht durch Unmäßigkeit oder Geiz?

Wie ich erst ein paar Jahrzehnte später feststellen konnte,

dachte der christliche Autor Cassian (4.–5. Jahrhundert), der aus dem Osten die Lehre von den acht Todsünden einführte, ganz genau so, wenn er feststellte, dass die Erbsünde von Adam und Eva unter die Unmäßigkeit fiel.[2] Erst mit Gregor dem Großen, dem Papst und Theologen aus dem 6. Jahrhundert, wurde der Stolz zum Kernstück des moralischen Lebens und der Sündenfall des Menschen in Analogie zum Sündenfall des Erzengels Luzifer aufgefasst; damals ließ der Stolz, oder die Hoffart, die Völlerei in der Ordnung der Sünden hinter sich und wurde beiseite gesetzt wie eine Art Supersünde, aus der die anderen sieben sich ableiteten. Also immer noch eine Achtzahl, worin der Sünde des Stolzes oder der Hoffart eine Sonderstellung zukam, als Königin und Ursache aller anderen Sünden. An erster Stelle des Sündenkatalogs steht in der Aufzählung von Papst Gregor die Eitelkeit, die ab einem gewissen Zeitpunkt unter den Stolz fiel, wodurch sich die Zahl der Todsünden auf sieben reduzierte – in Anlehnung an all die anderen Siebenzahlen (die sieben Planeten, die sieben Teile des Körpers, die sieben Metalle, die sieben Winde usw.).

Doch für Cassian, für die mönchische Tradition im Allgemeinen und vermutlich auch für die Vorstellungswelt des einfachen Volkes, sowie für andere Autoren, die sich mindestens bis ins 13. Jahrhundert herauf mit dem Problem befassten, wie beispielsweise Thomas von Aquin,[3] war und blieb die Unmäßigkeit oder Völlerei die erste und oberste Sünde, sowohl chronologisch als auch der Schwere nach.

Inwiefern ist auch dieses zweite Konzept (die Position der Unmäßigkeit innerhalb der Katalogs der Todsünden) für den Zusammenhang, den wir hier erörtern von Belang? Insofern, als Unmäßigkeit beim Essen – Sünde des Mundes – zugleich auch Unmäßigkeit des Wortes ist – Sünde der Zunge –, und weil es wichtig ist zu wissen, dass eine bedeutende Denktradition diese Sünde für verwerflicher und schwerwiegender hielt als alle anderen, ihr sowohl in chronologischer, als auch inhaltlicher Hinsicht gleichsam die Führungsposition zuerkannte.[4]

Gefräßigkeit und Geschwätzigkeit

Adam sündigte also, berichtet Cassian, durch *gastrimargia*, das ist der griechische Ausdruck für Unmäßigkeit oder Völlerei. Unmäßigkeit, die als Laster gilt, als schlechte Anlage, die sich mithilfe des Willens und durch geduldige und tugendhafte Übung der Enthaltsamkeit bessern lässt. Nicht Krankheit, nicht bulimisches Syndrom oder Anorexie oder genetische Disposition, wie wir das heute sehen würden, sondern schlicht und einfach ein Laster, bei dem Kontrolle des Essens ein Weg zur Bekämpfung der Sünde ist – was auch erklären würde, warum es in christlichen Familien verbreitet war, Kinder zur Strafe ohne Abendessen – oder in Italien ohne Obst – ins Bett zu schicken.

Betrachten wir diese Laster einen Moment lang in der heidnischen Welt. Der lateinische Dichter Horaz (1. Jahrhundert v. Chr.) hat uns eine so erstaunliche wie mysteriöse Auflistung von sieben Lastern hinterlassen, die er in einem Brief an Mäzenas in poetischer Form darlegt. Den der Völlerei Verfallenen bezeichnet er als *vinosus*, und hebt damit von den beiden Aspekten dieser Entgleisung – Übermaß an Essen und Übermaß an (alkoholischen) Getränken – den zweiten besonders hervor. Aristoteles hingegen hatte im Laster der Völlerei vor allem eine Befriedigung des Tastsinns erblickt, nicht des Geschmacks wie man annehmen sollte. Beweis dafür ist, dass

> der eigentliche Grund des Genusses doch nicht der Geschmack [ist], oder er ist es wenigstens nicht für den Lüstling, sondern das Wohlgefühl, und das beruht bei Speisen, bei Getränken wie bei der geschlechtlichen Lust ganz auf dem Tastsinn. Ein Lecker-

maul wünschte sich deshalb einmal einen Schlund zu haben, der länger sei als der eines Kranichs, nur um das Vergnügen des Tastsinns dann länger genießen zu können.[5]

Dieser Gefräßige, der in der Nikomachischen Ethik des Aristoteles namenlos bleibt, erhält in der *Iconologia* von Cesare Ripa, Autor eines berühmten Traktats über die Symbolik (16. Jahrhundert), einen Namen. Es soll

> Filostene Ericinio so gierig gewesen sein, daß er sich einen Hals wie ein Kranich wünschte, um das Essen länger zu genießen, während es in den Magen hinunterglitt.[6]

Aus diesem Grund stellte Ripa die Unmäßigkeit allegorisch mit dickem Bauch und einem langen Kranichhals dar (Abb. 8).

Die wichtigste einschlägige Bibelstelle zur Unmäßigkeit ist so bedeutend, dass kein christlicher Autor sie zu zitieren versäumt, sie findet sich im Brief des Paulus an die Philipper:

> Denn viele, von denen ich oft zu euch gesprochen habe,... leben als Feinde des Kreuzes Christi. Ihr Ende ist das Verderben, ihr Gott ist der Bauch.[7]

Wie entsteht die Maßlosigkeit der Völlerei oder wie benimmt sich der Patristik und der Scholastik zufolge derjenige, der seinen Bauch zum Gott gemacht hat? Gregor der Große erklärt es ausführlich, wenn er in seinen *Moralia* fünf Arten der Unmäßigkeit aufzählt: Man kann sündigen, indem man vor den Mahlzeiten isst *(praepropere)* – wie oft haben wir unsere Kinder nicht ermahnt «Nicht vor dem Essen naschen!»; indem man zu teuer und aufwendig *(laute)* isst; indem man zu viel isst *(nimis)*: «Nicht übertreiben!»; gierig *(ardenter)*: «Schling nicht so!», oder *studiose*, das heißt zu raffinierte Speisen zu sich nimmt. Wer in diese Exzesse verfällt, wird am eigenen Leib erfahren, wie die Unmäßigkeit am Gehen behindert, die Fähigkeit, richtig zu sprechen und zu sehen, beeinträchtigt und den Verfressenen zum Schwein und zum Faulpelz macht. Die Sünde der Unmäßigkeit trübt die Klarheit der Vernunft.[8] Außerdem führt die Unmäßigkeit auf direktem Wege zur Trägheit, weil sie zielloses Handeln fördert. Und vor allem führt die Unmäßigkeit zur Unkeuschheit: «fast immer findet bei Gelagen die Sinnlichkeit ihren Platz», predigt Gregor.[9]

Bei den Berührungspunkten zwischen Unmäßigkeit und Unkeuschheit halten wir uns nicht auf, da wir von Freud schon gelernt haben, dass es zwischen Assimilation und Penetration eine enge Verwandtschaft gibt. Mich drängt es, zu dem Punkt zu kommen, wonach unter die Sünde der Unmäßigkeit sowohl der exzessive, gierige und unzeitige Verzehr von Speisen und Getränken fällt, als auch die in Quantität und Qualität exzessive Äußerung von Worten.

Zur Analyse dieses fundamentalen Problems gehe ich aus von den Worten des englischen Dichters und Dramatikers aus dem 15. Jahrhundert Geoffrey Chaucer. Bezüglich der Tragweite der Sünde der Unmäßigkeit musste der Autor der *Canterbury Tales* ähnliche Zweifel hegen wie ich, wenn er die Unmäßigkeit als «erste Ursache unserer Verwirrung» definierte und als «Ursprung unserer Verdammnis».

Chaucer setzt sich mit dem Problem der Völlerei *(gluttony)* in seiner Erzählung *Der Ablasshändler* auseinander.[10] Insbesondere untersucht er das Laster der Völlerei in seinen zwei Formen Exzess an Essen und Trunkenheit; sodann verbindet er dieses Laster mit zwei weiteren menschlichen Perversionen: Blasphemie und Teufelsanbetung. Man wird sich zu Recht fragen, was denn diese Themenbereiche miteinander zu tun haben sollen. Doch betrachtet man die religiöse und profane Literatur der Zeit, studiert man die Beichtspiegel, Gebete und Handbücher zur religiösen Unterweisung, so sieht man, dass die scheinbar abwegige Verbindung zwischen Völlerei auf der einen Seite und Lästerung, Lüsternheit und

Blasphemie auf der anderen sehr verbreitet und geläufig war. Betrachtet man die *Somme de Roi*, einen Traktat über Laster und Tugenden, verfasst im 14. Jahrhundert von dem Dominikanermönch Lorens d'Orléans, ergibt sich dasselbe Bild: Auch für Lorens gehören Blasphemie, Lüsternheit, Geschwätzigkeit und *«vaine parole»* zusammen mit der Völlerei.[11] Diese Auffassung verteten auch Pietro Lombardo (12. Jahrhundert), Rabano Mauro (8.–9. Jahrhundert) oder Alkuin (8. Jahrhundert) nicht. Ob da wieder einmal Gregor der Große dahinter steckt?

Angenommen, meine Vermutung stimmt und für das Imaginäre sind Essen und Worte eins, dann stützt sich meine Interpretation auf ein fundamentales Prinzip in Gregors Lehre von den Lastern: ihre Verbindung und Verknüpfung miteinander. Die Laster, erläutert Gregor, sind alle miteinander verbunden, in einer Art Kettenreaktion folgt eines aus dem anderen, wie in allegorischer Form eine Bibelstelle erklärt, die Gregor als *imago agens* verwendet, das heißt als anschauliches Bild, das sich dank seiner Anschaulichkeit dem Gedächtnis einprägt. Die Stelle lautet:

> Was der Grashüpfer übrig ließ, hat die Wanderheuschrecke gefressen; was die Wanderheuschrecke übrig ließ, hat die Larve gefressen; was die Larve übrig ließ, hat der Nager gefressen.

Diese Aufzählung der verschiedenen Tiere, die sich nacheinander auffressen – den einen oder anderen wird sie *mutatis mutandis* an Angelo Branduardis *Fiera dell'Est* erinnern (wo er scheinbar bei einer hebräischen Fabel Anleihen gemacht hat) – repräsentieren für Gregor die Laster, die eins das andere nach sich ziehen, wie der Geiz den Stolz, die Unmäßigkeit Unkeuschheit und Neid usw. Nicht nur sind die Todsünden miteinander verknüpft, sondern jede Sünde bringt als unerwünschten Nebeneffekt noch andere, abgeleitete Übel hervor: Aus Gier und Unmäßigkeit des Bauches *(ventris ingluviae)* – ein anderer Name für die Völlerei – folgen, so Gregor, «blöde Heiterkeit, Lüsternheit, Schmutzigkeit, Geschwätzigkeit, Benommenheit der Sinne in Bezug auf den Verstand *(inepta laetitia, scurrilitas, immunditia, multiloquium, hebetudo sensu circa intelligentiam)*.[12] Und das nicht nur, weil ein Übermaß an Essen Körper und Geist benommen macht, sondern auch – und mittlerweile sollte uns der Gedankengang vertraut sein –, weil, wie der Wein Geist war, die Speise Wort ist. Das sollte erklären, dass die Sünde der Unmäßigkeit, die mit dem Organ des Mundes begangen wird, für die christlichen Autoren zwei Hauptaspekte aufweist: Sie ist Sünde der Völlerei und zugleich Sünde der bösen Zunge.

In der Tat: Der Mund isst und spricht. Meistens unter nicht sündhaften Bedingungen, sagen wir, moralisch und physiologisch einwandfrei. Doch unter pathologischen Bedingungen, getrieben von der Neigung zum Laster und bei Schwäche des Willens, sündigt der Mund sowohl durch unmäßige Aufnahme von Speisen als auch durch die unmäßige Äußerung von verderbten Worten. Der Mund ist in der Tat, wie wir wissen, der physische Ort, die Schwelle, wo Essen und Worte sich begegnen, das eine hinein, die anderen hinaus gehend. Die Analogie zwischen Essen und Worten lässt sich, so Isidor von Sevilla (ca. 560–636 n. Chr.), sogar auf der etymologischen Ebene beobachten:

> Der Mund (os) wird so genannt, weil durch ihn wie durch ein Tor (ostium) Speisen hinein gehen und Worte heraus.[13]

Zwischen Sprechakt und dem Akt des Verzehrs von Speisen gibt es eine Beziehung sogar in der Anatomie und Physiologie der Organe: Die Zunge ist ein feuchtes Organ und liegt in einer feuchten Höhle, wo es sehr schlüpfrig ist. Wie das Essen hineingleitet, so können unversehens auch böse und lügnerische Worte dem Mund entschlüpfen.[14] Das Tor der

Zunge *(lingua ianua)* stellt für Gregor die Öffnung dar, durch die das Essen hereinkommt, aber auch die Öffnung, durch die unser Inneres heraustritt und im Klang der Stimme enthüllt, wer wir sind:

> Wenn wir uns zu erkennen geben wollen, treten wir in der Sprache hinaus wie durch ein Tor, um zu enthüllen, was wir im Inneren sind.[15]

Diese Vorstellungen zeigen uns, dass es eine Beziehung gibt zwischen hereinkommendem Essen und austretenden Worten: Geschwätzigkeit *(loquacitas)* und Wollust *(voluptas)* sind bei Gelagen immer zugegen: Der Wein löst die Zunge, wie man weiß:

> fast immer begleiten eitle Vorsätze die Gelage: Freut sich der Bauch, treibt die Zunge ihr loses Wesen.

Und wenn der Leib sich der Unmäßigkeit ergibt, dann lässt das Herz sich zu grundloser Heiterkeit hinreißen.[16]

Die Unmäßigkeit der Zunge ist der beim Essen proportional; angeregt von Speisen und Wein, lässt die Zunge sich gehen. Im klösterlichen Schweigegebot beim Essen kann man daher den Versuch erkennen, zu verhindern, dass das Essen auf dem Weg hinein und die Worte auf dem Weg hinaus zusammenstoßen und dabei schädliche Wirkungen erzeugen, die sich gegenseitig verstärken.[17] Ein zu voller Schlund wird böse und verderbte Worte ausspucken: Gefasel, Flüche und Lästereien. Die nächste Stufe führt zu noch schlimmeren Konsequenzen: Die Verbindung zwischen Häresie und Hexerei auf der einen Seite und Völlerei auf der anderen leitet sich ab aus der Verknüpfung von Missbrauch der sakralen Sprache und Missbrauch von Essen und Trinken, natürlich immer gemäß der Analogie Wort/Essen. Blasphemie ist Entweihung des sakralen Wortes; der Völler, der, den Trinkbecher in der erhobenen Hand, flucht, und der Häretiker, der das wahre Wort missbraucht, verstoßen gegen dasselbe Gesetz, weil sie mächtige sprachliche Symbole in unangemessener Weise verwenden und damit die hinter den Symbolen liegende ewige Wahrheit schmähen. Diese Ansicht folgt ganz zwanglos aus dem christlichen Logozentrismus, für den das Wort Gottes Grundlage und Ausgangsbasis für alles ist;[18] die Sprache macht die Verfassung des menschlichen Herzens sichtbar.

Wenn wir für die Metapher Speise/Wort, Völler/Lästerer auf die Suche nach einer theologischen Grundlage gehen wollen, bieten sich gleich mehrere an: Verschiedene Stellen bei Matthäus[19] belegen, dass Christus selbst die Verbindung zwischen Essen und Fluchen herstellte:

> Nicht das, was durch den Mund in den Menschen hineinkommt, macht ihn unrein, sondern was aus dem Mund des Menschen herauskommt, das macht ihn unrein… Was aber aus dem Mund herauskommt, das kommt aus dem Herzen und das macht den Menschen unrein. Denn aus dem Herzen kommen böse Gedanken, Mord, Ehebruch, Unzucht, Diebstahl, falsche Zeugenaussagen und Verleumdungen.

Diese Worte hatte Jesus gesagt, um die Beobachtung der Pharisäer zu entkräften, die Jünger hätten sich nicht die Hände gewaschen; fest steht, dass maßvolles Essen nichts mit Sünde zu tun hat; aber der Antrieb zum Essen kann sündig sein, im Hinblick auf das Verlangen des Herzens.

Ich glaube, erst jetzt sind wir hinlänglich gerüstet, um uns der im ersten Kapitel zitierten Stelle aus Ezechiel wieder anzunähern und mit fundiertem Wissen ihre Deutung vorzunehmen. An dieser Stelle, erinnern wir uns, bietet der Herr Ezechiel eine Buchrolle an mit einer Botschaft darauf, von der er will, dass sie dem Volk Israel übermittel werde, und er zwingt den Propheten, sie zu essen.

Aber Ezechiel war ein Prophet, einer, «der vorher spricht» (griech. *pró-femi*), einer, der das Wort der Erneuerung bringt, das die anderen noch nicht kennen. Und durch diesen Status – eben aufgrund seiner Eigenschaft als noch nicht bekannte, und schon gar nicht bewiesene und verlässliche Botschaft – läuft das prophetische Wort wie kein anderes Wort Gefahr, der Häresie zu verfallen, das heißt, Irrmeinung und Lästerung zu werden. Damit der Gehalt der Worte, die Ezechiel überbringt, nicht verdirbt, beschließt der Herr, sie ihm im rechten Maß einzuverleiben. Assimilation im rechten Maß bewahrt vor dem Verderben und hütet die Reinheit der Botschaft: Deshalb sind die Worte süß wie Honig und können ohne Gefahr der Verderbnis an ihre Empfänger weitergegeben werden.[20] Das Wort kommt in einer von Sünde freien Dimension aus dem Mund. Geformt im geschützten Dunkel des Mundes, kommen die Worte der Weisheit, die zunächst zubereitet und gekocht wurden, sodann verschluckt und verdaut, in Gestalt einer Weisheitslehre hervor, als philosophische Botschaft, die in die Welt getragen werden soll.

ANMERKUNGEN

MOTTO

Ludwig Wittgenstein, *Vermischte Bemerkungen*, in: Werkausgabe, Bd. 8, Frankfurt/Main 1998, S. 544

WISSEN UND ESSEN

1 Carla Casagrande, Silvia Vecchio, *Metafore della lingua. Custodia della bocca e disciplina della parola nei secoli XII e XIII*, in: «Aut Aut», Mailand Juli/Oktober 1981, S. 59
2 Augustinus, *Bekenntnisse* X, 14, übers. v. Georg Rapp, Stuttgart 1863, S. 247
3 Ruben A. Alves, *Parole da mangiare*, Bose, 1998, S. 117
4 Ernest Hemingway, *Paris. Ein Fest fürs Leben*, übers. v. Annemarie Horschitz-Horst, Reinbek b. Hamburg 1965.
5 Franz Dornseiff, *Pindars Stil*, Berlin 1921, S. 61f.
6 Ernst Robert Curtius, *Europäische Literatur und lateinisches Mittelalter*, Bern 1948, S. 144
7 Die zwei Bibelzitate: Ezechiel 3, 1–4 und Offenbarung des Johannes 10, 10
8 Matth 4, 4; Matth 5, 6; Matth 5,13, Matth 13,33;
9 Joh 6, 32–59
10 Die Zitate aus Texten der Kirchenväter: Augustinus, *Bekenntnisse* IX,10 (Aber unseres Herzens), a.a.O., S. 220; I, 13 (Brot unserer Seele), ebd. S. 18 (Mund unseres Herzens und Nahrung der Wahrheit); I, 13 (innere Nahrung); *Civitas Dei* XX.30 (Wahrheit ist Nahrung). Gregor der Große, *Epistulae* II, 251, 30ff. (Weizenmehl und Kleie) und *Moralia in Job*, I, 52 (Bauch des Geistes, Fasten der Unwissenheit); Alain de Lille, zit. nach E.R.Curtius, a.a.O., S. 146
11 Dante Alighieri, *Il Convivio/Das Gastmahl*, übers. v. Thomas

Ricklin, Hamburg 1996, I, 1.7, S. 5 (Brot der Engel); I, 2.1, S. 9 (Makel); I, 2.2, ebd. (Messer); I, 5.1, S. 22 (Gerste).

12 Francesco Petrarca, *Brief* XXII, 2, in: *Briefe*, hrsg. von Guiseppe Tracasetti, Florenz 1863–1867, Bd. 6, S. 422

13 Michel de Montaigne, *Essais*, übers. v. Hans Stilett, Frankfurt/M. 1998, Drittes Buch, XIII *Über die Erfahrung*, S. 544

14 F. Béroalde de Verville, *Le Moyen de parvenir. Œuvre contenant la raison de tout ce qui a été, est et sera; avec demonstrations certaines et nécessiares, selon la rencontre des effets de Vertu* (1619), Faksimile und Transkription von H. Moreau und A. Tournon, 2 Bde., Marseille 1984

15 Tommaso Campanella, *Philosophische Gedichte*, übers. v. Thomas Flasch, Frankfurt/M. 1996, S. 104f.

16 Grimod de la Reynière, *Almanach des Gourmands*, 3 Bde., Paris 1804, Titelblatt des ersten Bandes

17 Die Erwähnung von Süßigkeiten in Form von Buchstaben des Alphabets finden sich in Horaz, *Satiren* I, i, 25–26, übers. v. K. Büchner, Stuttgart 1972; François Rabelais, *Gargantua und Pantagruel*, übers. v. Horst und Edith Heintze, Frankfurt/Main 1974; Oliver Goldsmith, *Der Pfarrer von Wakefield*, Zürich 1985, und Susan Meddaugh, *Martha speaks*, Boston 1992. Siehe auch Franz Dornseiff, *Buchstabenmystik*, Diss. Leipzig, Teubner 1916, S. 17f.

18 Sören Kierkegaard, *Abschließende Nachschrift zu den Philosophischen Brocken*, übers. v. Hans Martin Junghans, in: Gesammelte Werke, hg. v. Emanuel Hirsch, Bd. 16, Düsseldorf/Köln 1957, S. 7

19 Luigi Pirandello, *Mattia Pascal*, Mindelheim 1987, S. 60

20 Marguerite Yourcenar, *Gedankenbilder.* Eine Familiengeschichte, übers. v. Rolf und Hedda Soellner, München/Wien 1984, S. 186

21 Roland Barthes, *Leçon/Lektion. Antrittsvorlesung im Collège de France*, übers. v. Helmut Scheffel, Frankfurt/M., S. 71

22 R.A.Alves, *Parole da mangiare*, a.a.O., S. 25 (wie der Koch das Essen zubereitet); S. 61 (die Welt existiert, um verzehrt zu werden); S. 24 (Worte zum Essen) (Übersetzung B.K.)

NATUR UND KULTUR

1 Das Fragment des Athenaios findet sich in: Hans Dohm, *Mágeiros. Die Rolle des Kochs in der griechisch-römischen Komödie*, München 1964, S. 169f.; Titus Lucretius Carus, *De rerum natura* / Lukrez, *Welt aus Atomen*, übers. v. Karl Büchner, Stuttgart 1973, V, 1102–04, S. 433. (Darnach hat Speise...); V, 1011–1027, S. 425 (Die ersten menschlichen Gemeinschaften); V, 1028–1090, S. 427 ff. (Ursprung der Sprache); V, 1091–1104, S. 431 ff. (Entdeckung des Feuers); V, 1105–1135, S. 433 ff. (Macht der Könige; Privateigentum).

2 Joseph König, *Geist der Kochkunst*, Hg. C. F. von Rumohr, Stuttgart/Tübingen 1822, S. 2f.

3 Platon, *Politeia* 332 b–d, in: *Sämtliche Werke*. Berlin 1940

4 Diogenes Laertius, *Leben und Lehre der Philosophen*, übers. v. Fritz Jürß, Stuttgart 1998, VI, 20 ff., S. 260 ff.

5 Platon, *Gorgias*, in *Gesammelte Werke* I, a.a.O., (Unkenntnis des Gegenstands) S. 219; (Pseudokünste) S. 217; (Dialog Sokrates Polos), S. 216f.

6 Gisèle Harrus-Révidi, *Die Lust am Essen. Eine psychoanalytische Studie*, übers. v. Renate Sandner u. Thorsten Schmidt, München 1998, S. 7

7 Georg Friedrich Wilhelm Hegel, *Phänomenologie des Geistes*, Hamburg [6]1952, S. 254

8 Ernst Bloch, *Tübinger Einleitung in die Philosophie*, in: *Werkausgabe*, Frankfurt/M., 1985, Bd. 13, und *Experimentum Mundi, Frage, Kategorien des Herausbringens, Praxis*, ibid. Bd. 15, S. 13

9 Siehe Hans Leisegang, *Pneuma Hagion. Der Ursprung des Geistbegriffes der synoptischen Evangelien aus der griechischen Mystik*, Leipzig 1922, S. 34f.

10 Siehe die Beispiele von George Lakoff und Mark Johnson, *Leben in Metaphern. Konstruktion und Gebrauch von Sprachbildern*, übers. v. Astrid Hildenbrand, Heidelberg 1998, S. 59f.

THEORIE UND PRAXIS DER WORTEKÜCHE

1 Franco La Cekla, *La pasta e la pizza*, Bologna 1998, S. 13 (Übersetzung B.K.)

2 R.A. Alves, *Parole da mangiare*, a.a.O., S. 23 (Übersetzung B.K.)

3 Immanuel Kant, *Köche ohne Zunge. Notizen aus dem Nachlass*, Göttingen, 1997, S. 62

4 Sören Kierkegaard, zit. nach Leonardo Amoroso (Hg.), *Maschere Kierkegaardiane*, Turin 1990, D 3967 u. D 2816

5 Siehe die Hinweise von B. A. Sparkes, *The Greek Kitchen*, in: «The Journal of Hellenic Studies», LXXXII, 1962, S. 123, in Verbindung mit Zitaten aus Diogenes Laertius, *Leben der Philosophen*, a.a.O.

6 Siehe Guy Berthiaume, *Les roles du mágeiros. Etude sur la boucherie, la cuisine et le sacrifice dans la Grèce ancienne*, Leiden 1982 ; Marcel Detienne-Jean Pierre Vernant, *La cuisine du sacrifice en pays grec*, Paris 1979, S. 3

7 Damoxenos, *Fragment 2*, v 62 ff., zit nach H.Dohm, *Mágerios*, a.a.O., S. 163–169

8 Alessandro Giannini, *La figura del cuoco nella commedia greca*, in: «Acme. Annali della Facoltà di Filosofia e Lettere dell'Università Statale di Milano», XIII, 1960, passim

9 Über das Küchenlatein siehe R. Pfeiffer, in: «Philologus», 1936, 86, S. 459; siehe außerdem E. R. Curtius, a.a.O., S. 431; Teofilo Folengo, *Le Maccheronnee*, Hg. A.Luzio, 2 Bde. Bari 1911, Bd. II, S. 284, und M. Jeanneret, *Des mets et des mots*, a.a.O., S. 216ff.

10 A. Giannini, *La figura del cuoco*, a.a.O. S. 140

11 Giovanni Boccaccio, *Chichibio, der Koch Currado Gianfigliazzis*, in: *Das Dekameron*, VI, 4, übersetzt von Albert Wesselski, Frankfurt/M., Bd. 2, S. 544

DIE PHILOSOPHISCHE KÜCHE

1 Parmenides aus Elea, in: *Fragmente der Vorsokratiker*, griech./deutsch, Hg. Hermann Diels, Berlin 1922, Bd, I, S. 156

2 Heraklit, in: *Fragmente der Vorsokratiker*, a.a.O., Bd. I, S. 229

3 A. Giannini, *La figura del cuoco*, a.a.O., S. 136

4 Peter Sloterdijk, *Sphären I. Blasen*, Frankfurt/M. 1998, S. 380f.

5 Wie Silvia Baldelli Capasso zeigt, in: In *casa: spesa, salute e cucina, in: La cucina della biblioteca. Libri e immagini del territorio milanese e lombardo-veneto*, Hg. Biblioteca Nazionale Braidense, Mailand 1994, S. 72

6 Apicius, *De re coquinaria*, übers. v. Robert Maier, Stuttgart 1992

7 Platon, *Timaios*, in: Platon, a.a.O., Bd. 3, S. 162
8 Alle Zitate von Jean-Paul Sartre aus: *Situationen*. Essays, ausgew. u. übersetzt von Werner Bökenkamp u. a., Reinbek b. Hamburg 1965, S. 106; siehe auch Ornella Pompeo Fatacovi, *L'etica dell'impegno nella generazione sartriana*, in: Carlo Augusto Viano (Hg.), *Teorie etiche contemporanee*, Torino 1990, S. 22 und Remo Bodei, *La filosofia del novecento*, Roma 1997, S. 44
9 Einige Hinweise bei Michel Onfray in: *Le ventre des philosophes*, Paris 1989
10 Remo Bodei, *Sistema ed epoca in Hegel*, Bologna 1975, S. 100ff.
11 Georg Steiner, *Von realer Gegenwart. Hat unser Sprechen einen Inhalt?*, übers. v. Jörg Trobitius, München 1990, S. 20

DIE PHILOSOPHISCHE KOST

1 Diogenes Laertius, *Das Leben der Philosophen*, a.a.O. Die Zitate werden nach und nach angeführt. Auf Diogenes Laertius bezieht sich auch Michel Onfray bei der Schilderung Essgewohnheiten der zynischen Philosophen, in: *Cynismes. Portrait du philosophe en chien*, Paris 1990; über die Ernährung der Philosophen und die Beziehung zwischen ihren Theorien und dem Essen siehe ebenfalls M. Onfray, *La raison gourmande*, Paris 1995
2 Die Episode des Karneades ist entnommen aus Valerio Massimo, *Factorum et dictorum memorabilium libri novem*, Hg. Carl Kempf, Leipzig, 1888, Bd. VIII, Kap. 7, Ext. 5, S. 389; siehe auch die köstliche Interpretation dieser Episode bei Harald Weinrich, *Lethe. Kunst und Kritik des Vergessens*, München 1997, S. 124f.
3 Im *Eukalyptomenos* des Anaxippos stellt der Koch für Verliebte, für Steuereintreiber, Alte und Philosophen jeweils verschiedene Menus zusammen: «Gott behüte uns vor den Philosophen, sie sind maßlos verfressene Tiere.» Siehe A. Giannini, *La figura del cuoco*, a.a.O., S. 135ff., S. 172
4 Diogenes Laertius, a.a.O, Aristipp, II, 65, S. 118; Sokrates, II, 34, S.105f; Pythagoras, VIII, 9, S. 374; Heraklit, IX, 3, S. 408; Platon, III, 1f, S. 150f; Aristoteles, V, 16, S. 224 (es heißt, eine Menge Vorratsbehälter sei bei ihm gefunden worden); Zenon von Kition, XII, 26, S. 307; Stilpon, II, 119, S. 139; Kleanthes,

VII, 168f, S. 357; Epikur, X, 11, S. 460; Metrokles, VI, 94, S. 291; Diogenes, VI, 37, S. 267

5 Oder das ist jedenfalls die Deutung der Figur durch Johann Jakob Bruckner, in: *Historia critica philosophiae a mundi incunabulis ad nostram usque aetatem deducta*, Leipzig, Breitkopf, 1749, Bd. I, die Wilhelm Weischedel gibt, *Die philosophische Hintertreppe*, München 1995, S. 12

6 Aristoteles, *Rhetorik*, übers. v. Franz G. Sieveke, München 1955, S. 212f.

7 Sören Kierkegaard, *Abschließende unwissenschaftliche Nachschrift zu den Philosophischen Brocken*, Gesammelte Werke Bd. I, Düsseldorf/Köln 1957, S. 4 (ich käue wieder); S. 133 (wie ein edler Grieche); S. 135 (stellt ein Huhn auf den Tisch); Sören Kierkegaard, *Über den Begriff der Ironie mit ständiger Rücksicht auf Sokrates*, in: Gesammelte Werke, a.a.O., Bd. 31, S. 79 (das Verhältnis zwischen diesen beiden großen Anschauungen); Sören Kierkegaard, *Abschließende unwissenschaftliche Nachschrift*, a.a.O., S. 171

8 Immanuel Kant, *Köche ohne Zunge*, a.a.O., S. 51f.

9 John Locke, *Versuch über den menschlichen Verstand in vier Büchern*, übers. v. C. Winckler, Hamburg 1981, Bd.I, S. 9

10 Über die Ernährung à la McDonalds hat Gisèle Harrus-Révidì aufschlussreiche Seiten geschrieben. Sie entdeckt im Serienprodukt Hamburger eine Reihe von Merkmalen, die auch Primärobjekten wie dem Bären oder der Schlafdecke zu eigen sind. Siehe Gisèle Harrus-Révidí, *Lust am Essen*, a.a.O., S. 34f.

11 John Milton, Areopagitica, in: *Zur Verteidigung der Freiheit. Sozialphilosophische Traktate*, übers. v. Klaus Udo Szudra, Leipzig 1987, S. 23

12 Ludwig Wittgenstein, *Philosophische Untersuchungen*, Oxford 1953

13 Das berichtet Wilhelm Weischedel, a.a.O., S. 293

DER APPETIT DER PHILOSOPHEN

1 Epikur, *Fragment* 409 (Übersetzung B.K.) Epikur gewidmet ist auch ein unlängst erschienenes Büchlein mit äußerst preisgünstigen Rezepten, verfasst von einer Architektin-Köchin und einem Künstler-Philosophen. Die Ausführung der Rezepte

kann ich allerdings nicht empfehlen: Zu viel Margarine. Rüdiger Kenziora, Eva-Margarete Wysocki, *Epikur am Küchentisch. Philosophisches Kochbuch mit preiswerten Rezepten*, Berlin 1997

2 Platon, *Republik*, 585b, a.a.O.

3 Siehe Ettore Bignone, *L'Aristotele perduto e la formazione filosofica di Epicuro*, 2 Bde., Florenz 1936, Bd. II, S. 3–19

4 Siehe H. Dohm, *Mágeiros*, a.a.O., S. 163ff; A. Giannini, *La figura del cuoco*, a.a.O., S. 135–216

5 Aristoteles, *Magna Moralia*, 1206a

6 Man denke hier vor allem an Hans Blumenberg, *Licht als Metapher der Wahrheit*, in: «Studium generale», 1951

7 Dante, *Werke*, hg. von Erwin Laaths, Berlin/Darmstadt o. J. übers. v. Richard Zoozmann, *Paradies*, XXIV, 130–134, S. 425 (Wohlan...); ebd., *Paradies* XXIV, 1–3, S. 422 (O Bruderschaft...); ebd., *Läuterungsberg* XVIII, 32, S. 265 (geistige Regung); Dante, *Gastmahl*, I, 1.1., S. 3 (Wie der Philosoph...); Dante, *Göttliche Komödie*, *Paradies* II, 11, S. 334 (Engelspeise); ebd., *Paradies* II, 19 f., S. 334 (Der anerschaffne...); ebd. *Paradies*, IV, 124 f., S. 345 (Ich sehe es...)

8 Siehe Walter Naumann, *Hunger und Durst als Metaphern bei Dante*, in: «Romanische Forschungen», 54, 1940, S. 13ff.

9 Publius Ovidius Naso, *Metamorphosen*, VIII, 799 f., übers. v. Michael von Albrecht, Stuttgart 1994, S. 444

10 Kant, *Köche ohne Zunge*, a.a.O., S. 93

11 Zweifel kommen mir angesichts von Erklärungen wie dieser: «Insofern die Natur dem Manne die Überlegenheit über die Frau verliehen hat, indem sie ihn mit größerer Kraft sowohl der Seele als auch des Körpers ausstattete, hat er die Pflicht, diese Überlegenheit soweit möglich durch Großzügigkeit in seinem Benehmen und durch ehrerbietige Aufmerksamkeit und Gefälligkeit all ihren Wünschen gegenüber zu mildern.» David Hume, *Essays and Treatises on Several Subjects*, Paris o.J., Essay VIII, *On the Standard David of Taste*, S. 117ff. (Übersetzung B.K.)

12 Siegfried Drescher (Hg.), *Wer war Kant? Drei zeitgenössische Biographien von Ludwig Ernst Borowski, Reinhold Bernhard Jachmann und E. A. Ch. Wasianksi*, Pfullingen 1974; R. B. Jachmann, *Immanuel Kant geschildert in Briefen an einen Freund*, ebd., S. 129 ff.; ebd., S. 191 (im Schlafrock); ebd., S. 192 (aber hielt...); ebd., S. 193 (mit einem starken...); ebd. (die Lieb-

lingsspeise...); ebd., S. 195 (Zu dem Ende...); L. E. Borowski, *Darstellung des Lebens und Charakters Immanuel Kants*, ebd., S. 27ff; S. 74 (Gerne, wenn...); ebd., S. 86 (Kenntnis des Küchenwesens...); ebd., (würde er sicher...).

13 Jean-Paul Sartre, *Der Ekel*, übers. v. Uli Aumüller, Hamburg 1981

14 Ludwig Wittgenstein, *Vermischte Bemerkungen*, in: Werkausgabe a.a.O., S. 17

15 Die Zitate von Wittgenstein finden sich in der Eintragung vom 15.9.1914 in: *Gmundener Notizbücher*, Hg. Wilhelm Baum, in: «Saber», 5–6, 1985, und in: *Vermischte Bemerkungen*, a.a.O., S. 64f.

16 in: *Gmundener Tagebücher*, a.a.O.

17 Hans Blumenberg, *Lebensthemen*, Stuttgart 1998, S. 126

PHILOSOPHISCHE SPEISEN UND GETRÄNKE

1 Diogenes Laertius, a.a.O., IV, 49, S. 210

2 Dante, *Gastmahl*, I,13.12, a.a.O., S. 68

3 Isabel Allende, *Aphrodite. Eine Feier der Sinne*, übers. v. Lieselotte Kolanoske, Frankfurt/M. 1999, S. 134f.

4 Hiob 10.10

5 Die Zitate von Petrus und Paulus stammen aus Kor. I, 3,2; Hebr. 5,12; I Petr. 2,2; I Petr. 2,3; Satz des Petrus in Psalm 34,9.

6 Siehe P. Sloterdijk, *Sphären I, Blasen*, a.a.O., S. 328f

7 Jostein Gaarder, *Hallo, ist da jemand?* übers. v. Gabriele Haefs, München 1999

8 Der Vergleich zwischen Ei und Philosophie findet sich bei Diogenes Laertius, *Das Leben der Philosophen*, a.a.O., VII, 39, S. 312 (Zenon)

9 Die Legende von Barlaam und Josaphat, Manuskript aus dem 15. Jahrhundert, Mailand, Biblioteca Braidense, c.2r (AC.XI.37)

10 G.W.F. Hegel, *Die Phänomenologie des Geistes*, in: Werke, a.a.O., Bd. 3

11 Sören Kierkegaard, *Stadien auf des Lebens Weg*, in: Gesammelte Werke, a.a.O. Bd. 15, S. 9, 21, 18, 25, 26

12 Augustinus, *Bekenntnisse*, X, XIV, a.a.O.

EXZESS BEIM ESSEN UND EXZESS AN WORTEN

1 Aristoteles, *Nikomachische Ethik* 1106b–1107a, übers. v. C. H. Weiße, Leipzig 1829, S. 66

2 «Octo sunt principalia vitia, quae humanum infestant genus, id est, primum gastrimargia, quod sonat ventris ingluvies...» Cassianus, *De octo principalibus vitiis*, in: Migne, *Patrologia Latina*, 49, col 612

3 War möglicherweise die erste Sünde gar nicht der der Stolz, sondern der Ungehorsam, die Völlerei oder die Ungläubigkeit, so fragte sich Thomas von Aquin, verbreitete Zweifel aufgreifend, in seiner *Summa theologica*, II. ii.quaest. 163

4 Zur Geschichte und zum Begriff von Sünde/Laster ist fundamental das Werk von Morton Wilfred Bloomfield, *The Seven Deadly Sins. An Introduction to the History of a Religious Concept with Special Reference to Medieval English Literature*, Michigan 1952; interessant auch Thaddäus Zielinsky, *Die sieben Todsünden*, in: „Süddeutsche Monatshefte», II, 1905, S. 437ff., sowie Maria Gothein, *Die Todsünden*, in: «Archiv für Religionswissenschaft», X, 1, 1907, S. 416ff.

5 Horaz, *Epistulae* I,1,38, in: *Sämtliche Werke*, lat. u. dt. hg. v. W. Schöne, München 1960, S. 136 f.; Aristoteles, *Nikomachische Ethik*, a.a.O., 1118a

6 Cesare Ripa, *Iconologia* (1603), Hg. Pietro Buscaroli, Vorwort von Mario Praz, Mailand, S. 166 (Übersetzung B.K.)

7 «Multi enim ambulant, quos saepe dicebam vobis... inimicos crucis Christi: quorum finis interitus: quorum Deus venter est.» Phil. 3,18

8 Man vergleiche hier beispielsweise die Lesart, die Giovanni Pascoli von der Episode in Purgo XXII, V. 128ff gibt: «Und das erste Menschenpaar kostete von dem Apfel, was an sich die Sünde der Völlerei ist: und so kam der Tod in die Welt, und schlimme Unwissenheit umnachtete den ersten klaren Verstand.» Giovanni Pascoli, *Sotto il velame. Saggio di un' interpretazione generale del poema sacro*, Bologna 1912, S. 394 (Übersetzung B.K.)

9 Grégoire Le Grand, *Morales sur Job*, Livres I et II, Hg. Dom Robert Gillet, O.S.B., übers. v. Dom André de Gaudemaris, O.S.B., Paris 1975, I, 10

10 Geoffrey Chaucer, *Der Ablasshändler*, in: *Canterbury Erzählungen*, übers. v. Detlef Drose, München 1996

11 Siehe *The Book of Vices and Virtues*, Hg. W. Nelson Francis, London S. 46
12 Grégoire Le Grand, *Moralia*, XXXIII und XXXI, a.a.O.
13 Isidoro di Siviglia, *Etimologias*, 2 Bde., Madrid 1982 (Übersetzung B.K.)
14 C. Casagrande, S.Vecchio, *Metafore della lingua*, a.a.O., S. 54
15 Grégoire le Grand, *Moralia* II, a.a.O., S. 267
16 «Pane semper epulas loquacitas sequitur: cumque venter reficitur, lingua diffrenatur; dum corpus refectionis delectatione resolvitur, cor ad inane gaudium relaxatur.» Grégoire le Grand, *Moralia* I,10. a.a.O.
17 C. Casagrande, S. Vecchio, *Metafore della lingua*, a.a.O., S. 59
18 Siehe R.F. Yaeger, *Aspects of Gluttony in Chaucer and Gower*, in: «Studies in Philology», 81, 1984, S. 50f.
19 Matth. 15,11, 17–19
20 Siehe G. Harrus-Révidi, *Die Lust am Essen*, a.a.O., S. 53f.

AUS UNSEREM VERLAGSPROGRAMM